진정한
리더십은

위기에
빛난다

진정한 리더십은
위기에 빛난다

지은이 | 정인수
초판 발행 | 2016. 1. 18
등록번호 | 제1988-000080호
등록된 곳 | 서울특별시 용산구 서빙고로65길 38
발행처 | 사단법인 두란노서원
영업부 | 2078-3352   FAX | 080-749-3705
출판부 | 2078-3331

책 값은 뒤표지에 있습니다.
ISBN 978-89-531-2444-8 03230

독자의 의견을 기다립니다.
tpress@duranno.com   www.duranno.com

두란노서원은 바울 사도가 3차 전도여행 때 에베소에서 성령 받은 제자들을 따로 세워 하나님의 말씀으로 양육하던 장소입니다. 사도행전 19장 8-20절의 정신에 따라 첫째 목회자를 돕는 사역과 평신도를 훈련시키는 사역, 둘째 세계선교 (TIM)와 문서선교 (단행본·잡지) 사역, 셋째 예수문화 및 경배와 찬양 사역, 그리고 가정·상담 사역 등을 감당하고 있습니다. 1980년 12월 22일에 창립된 두란노서원은 주님 오실 때까지 이 사역들을 계속할 것입니다.

멘토에게
배우는
성경적
위기 관리

정인수 지음

진정한
리더십은

위기에
빛난다

두란노

　역사를 살펴보면 하나님께서는 중요한 시기마다 사람을 통해서 하나님의 뜻을 말씀하시고 또한 하나님의 뜻을 이루시는 것을 봅니다. 정인수 목사님은 다윗과 같이 하나님의 마음에 합한 귀한 목회자입니다. 목사님은 지난 20년 동안 아틀란타연합장로교회를 섬겨 오며 하나님 보시기에 착하고 충성된 목회자였고, 성도들에게는 인자하고 따뜻한 영적인 아버지였으며, 미국의 한인교회뿐만 아니라 한국의 교회와 목회자들에게 본이 되고 귀감이 되었습니다. 저도 목사님과 오랫동안 교제하면서 참 많이 배우고 도전을 받았습니다. 특히 목사님의 순수하고 열정적이며 헌신적인 목회 사역은 그가 참으로 세계적인 목회자요 한국을 빛낼 자랑스러운 목회자임을 입증하는 것입니다.

　목사님이 책을 통해서 언급하신 대로 우리가 사는 오늘날은 위기의 시대요 절망의 시대입니다. 온 인류가 고통당하는 불확실한 시대입니다. '다보스 포럼'도 보고서를 통해서 발표하기를, 앞으로 10년 이내에 지금까지 우리가 겪어 보지 못한 상상할 수도 없는 큰 위기가 인류에게 다가올 것이라고 경고했습니다.

그러나 하나님은 우리의 모든 문제를 해결하실 수 있습니다. 모든 위기는 오직 하나님의 손에 달려 있습니다. 이사야 55장 6~7절에 보면 "너희는 여호와를 만날 만한 때에 찾으라 가까이 계실 때에 그를 부르라 악인은 그의 길을, 불의한 자는 그의 생각을 버리고 여호와께로 돌아오라 그리하면 그가 긍휼히 여기시리라 우리 하나님께로 돌아오라 그가 너그럽게 용서하시리라"고 말씀하십니다. 그렇습니다. 이런 위기의 시대일수록 우리는 하나님께 나아가야 합니다. 하나님께 돌아가야 합니다. 탕자와 같이 돌아가는 것이 사는 길입니다.

저는 정인수 목사님이 집필하신 책을 읽으면서 제 주위의 많은 분들이 이 책을 꼭 한 번 일독했으면 좋겠다는 생각을 했습니다. 이 책은 위기의 시대를 살아가는 우리 모두에게 하나님께 돌아가는 방향을 알려 주는 귀중한 '나침반'과도 같습니다. 이 책을 통해 우리가 위기의 시대를 감당해 낼 수 있는 힘과 용기를 얻고 다음세대에게 하나님을 더 잘 섬기는 사회를 물려줄 수 있는 지혜를 얻을 수 있습니다. 한국교회와 우리 사회에 이렇게 귀한 책을 허락해 주신 하나님께 감사드리며 기쁜 마음으로 모두에게 이 책을 적극 추천합니다.

김삼환(명성교회 원로목사)

오늘날 많은 사람들이 한국교회가 위기를 맞았다고 이야기합니다. 교회에 출석하는 성도도 줄었고 교회 이미지도 부정적이라고 말합니다.

그러나 위기(危機)는 곧 기회이기도 합니다. 2천 년 교회사를 살펴보면 교회는 수많은 위기를 만났지만 그때마다 위기를 기회로 삼아 더욱 부흥할 수 있었습니다.

위기의 시대를 기회의 시대로 만드는 것은 지도자의 몫입니다. 어떤 지도자를 만나느냐에 따라 공동체의 운명이 결정됩니다. 교회 지도자들은 시대를 분명히 읽고 위기를 잘 대처하여 교회가 나아가야 할 바를 지혜롭게 결정해야 합니다.

그러한 의미에서 정인수 목사님의 책은 지금 한국교회의 어려움을 극복하는 데 큰 도움을 줄 것이라 기대합니다. 정 목사님은 힘든 이민 목회의 현장에서 수많은 위기를 극복하며 건강하고 기쁨이 넘치는 목회를 하고 계시며, 애틀랜타뿐 아니라 전 미주 지역에 선한 영향력을 끼치고 계십니다. 이 한 권의 책에 성공적 목회 사역을 이루고 계신 정인수 목사님의 모든 노하우가 잘 녹아 있습니다.

교회의 어려움으로 힘들어하는 모든 목회자와 성도님들이 이

책을 통해 위기를 기회로 만드는 성령충만한 지도자가 되시기를
바랍니다. 그래서 모든 교회마다 부흥과 역동적인 성령의 역사가
넘쳐 나기를 기대합니다.

이영훈(여의도순복음교회 담임목사)

진정한 리더는 위기와 더불어 살아갑니다. 사람들로 하여금 과
거의 위기로부터 배우게 하고, 현재의 위기를 뚫고 나갈 방향을 제
시하며, 다가올 미래의 위기를 대비하게 합니다. 정인수 목사님은
역사로부터 배운 교훈과 미래를 내다보는 예언적 지성으로 이 시
대 현대인들이 위기를 직면할 수 있도록 도와주는 진정한 리더입
니다. 철저한 말씀 중심의 목회와 시대를 읽어내는 예리한 통찰력
으로 교회가 시대의 희망이 되도록 이끄시는 분입니다.

정인수 목사님의 꿈은, 스스로 변화하지 않으면 원하지 않는 방향으로 끌려갈 수밖에 없는 이 시대에, 가장 변화에 수동적인 교회 공동체를 다이내믹한 역동성을 가진 사도행전적 교회로 변화시키는 것입니다. 교회가 변화되면 시대가 변할 수 있다는 확신을 가지고 있기 때문입니다. 저는 정 목사님의 이러한 철학과 도전에 동의하며 따라가는 팔로워 중 한 사람입니다. 냉철한 지성과 뜨거운 가슴에서 나오는 정 목사님의 목소리에 한국교회와 사회가 귀 기울일 때 교회는 본질을 회복하고 사회는 아름다움을 회복할 수 있을 것이라 확신합니다.

이 책이 많은 리더들에게 읽혀져 위기를 기회로 삼는 이 시대의 진정한 리더들로 변화되기를 기도하면서 기쁨과 확신으로 추천합니다.

이재훈(온누리교회 담임목사)

위기의 시대에
리더십으로 승부하라

몇 년 전 나는 나의 세 번째 책《성령으로 혁신하는 리더십》에서 하나님께서 일으키시는 새로운 부흥의 물결로 성령과 말씀이 조화된 통전적인 목회를 제안했다. 또 부흥을 위해 목회 구조에 혁신이 필요하다는 것과 선교적인 교회로 나아갈 때 요구되는 교회의 변화에 대해서도 다루었다.

그 후 4년이 지났다. 이 시간 동안 미국은 물론 한국교회에 엄청난 격변이 일어나고 있다. 지난날 경험하지 못한 위기의 광풍들이 속속 밀려들고 있다. 그 어느 때보다 하나님의 자녀로서, 교회의 리더로서 이 위기의 시대를 바르게 진단하고 올바른 영적 리더십을 가져야 할 필요를 느낀다.

무엇보다 지식 중심의 정보화 사회로 빠르게 변화되면서 전통적인 인간관과 세계관에도 변화가 일어나고 있다. 인간성과 성품이 아니라 기능의 측면에서 인간을 판단하는 것이 가장 두드러진 변화일 것이다. 물질지상주의가 당연시되고 쾌락과 방종이 만연하며 인터넷을 통해 쏟아져 나오는 분별없는 정보와 음란물은 가족을 해체시키고 자녀들을 병들게 하고 있다. 더구나 지금 전 세계는 심각한 경제 불황에 시달리고 있다. 중국의 주식과 증권시장의 추락은 전 세계 경제계를 긴장시키고 있다. 한편, 지구촌 곳곳에서 전해지는 기상이변과 환경의 재앙들 그리고 식량 위기가 시시각각 우리를 위협하고 있다.

미국은 한때 우리에게 복음을 전해 준 어머니 교회 같은 곳이었다. 하지만 지금은 동성애와 동성결혼의 인정, 모든 것이 상대적이며 절대 진리는 없다는 포스트모더니즘 같은 반성경적 세태를 좇으면서 가정의 위기, 신학의 위기 가운데 놓여 있다.

그래서 오늘날을 가리켜 '위기가 상수가 된 세상'이라고 표현한다. 위기가 변수가 아니라 만성화됨으로써 위기를 위기로 인식하지 못한다는 의미다. 오늘날을 그림으로 표현한다면 세차게 이는 폭풍우라 할 만하다. 역사의 풍랑, 환경과 재해의 풍랑, 경제와 사회의 풍랑, 가정의 풍랑, 교회의 풍랑이 거세게 몰아치고 있는 것이다.

오늘날의 가장 큰 위기는 총체적 방향 상실에 있다. 여기에 모든 위기의 본질이 있다고 나는 생각한다. 풍랑 가운데 나침반도 없이 표류하는 형국인데, 더 심각한 것은 나침반이 있어도 도달할 목표 지점이 없다는 것이다.

역설적이지만 지금이 바로 하나님께 돌아가야 할 때다. 하나님만이 우리의 문제와 위기에 해답을 주실 수 있기 때문이다.

오늘 우리가 봉착한 위기의 해법은 성경이라고 나는 확신한다. 사도 바울은 위기가 왔을 때 믿음과 성령 그리고 하나님의 음성을 듣는 영적 리더십으로 승부했다.

나는 그동안 목회를 통해 체험한 리더십 극복의 사례들을 이 책에 담아 보고자 했다. 그리고 신학의 위기, 교회의 위기, 정체성의 위기, 현대 사회의 위기 등을 성경적 관점에서 조명해 보고자 했다.

그렇다면 이러한 위기 중에도 교회는 과연 여전히 부흥의 파도를 탈 수 있을까? 교회는 하나님께서 세우신 곳이므로 어떤 위기가 몰아쳐도 부흥의 불길이 다시 점화될 것이라 나는 믿는다. 그래서

지난 30년간 이민 목회를 하면서 깨달은 교회의 부흥을 나누고자
한다.

　나는 지금까지 낸 몇 권의 책에서 크리스천들이 위기의 시대
에 영적 리더십을 어떻게 혁신해 나갈 것인가에 대해 다루었다. 물
론 이번 책에도 목회 현장에서 피와 땀 그리고 발로 뛰어 획득하고
이해하게 된 것들을 담아 보았다.

　지난 20년간 나의 혁신적인 목회를 이해하고 수용해 준 아틀
란타연합장로교회 당회와 교역자들, 교인들에게 이 책을 바치고
싶다. 외로운 이민 목회의 여정을 한결같이 동반해 준 아내와 아들,
나의 누님들, 신실한 기도의 동역자이며 장모님이신 김화섭 권사

님께 감사드린다. 그리고 하늘 먼발치에서 나를 응원하시는 모친 김순업 권사님도 추모하며 감사드린다.

끝으로 영적인 조언자로서 늘 사랑을 베풀어 주시며 기꺼이 추천사를 써 주신 김삼환 목사님, 이영훈 목사님 그리고 목회의 동반자로서 존경하고 서로 기도해 주는 이재훈 목사님께 진심으로 감사를 드린다.

2016년 1월

정인수 목사

-
Part **1**
-

위기를
디딤돌로 삼아
돌파하라

chapter 1

사도행전적인
리더십으로
위기를 돌파하라

위기를 바라보는 바른 눈이 필요하다

2015년 11월 마지막 주일 저녁은 내 목회 여정에서 뜻 깊은 시간이었다. 내가 시무하고 있는 아틀란타연합장로교회에서 목회 사역 20주년 기념 감사예배를 가진 것이다. 그동안 함께 동역해 온 분들과 그날 나는 지난 시간들을 회고하였다. 지난 목회 세월이 주마등처럼 스쳐갔다. 오늘에 이르기까지 이 길을 걷게 하신 하나님께 감사하고, 동역한 분들께도 깊이 감사했다.

그날 나는 하나님께 깊은 감사의 기도를 드리면서 나 자신에게 질문해 보았다.

'내 인생에서 언제가 가장 큰 위기였을까? 어떻게 그 시간들을

극복했을까?'

몇 차례 풍랑이 일던 시간들이 떠올랐다. 무엇보다도 유학 생활 중 전공을 포기하고 신학교로 궤도 수정하던 그때가 생각났다. 미국 유학은 내 인생의 모든 것을 건 모험이었다. 커뮤니케이션을 전공해 미래 시대를 열어 가는 전문가가 되고 싶었다. 유학 생활을 속히 마치고 한국으로 돌아가 한국을 이끌어 가는 미래 지도자로 각광받고 싶었다. 그 야망으로 모든 생활을 절제하고 절약해 학비를 충당했다. 그리고 미국에서 어렵게 대학원을 마치고 잠시 한국으로 귀국했다. 한국에서 일자리를 알아볼 요량으로 옛날 직장도 가 보고, 지인들에게 조언을 듣기도 했다. 친구들을 만나 미래에 대해 진지하게 의견도 나누었다. 하지만 몇 년간의 미국 생활 동안 나의 가치관이 본질적으로 변화되었고, 무엇보다 내가 계획한 미래에 대한 하나님의 인도하심을 확신할 수 없었다.

그러던 어느 날 기도 중에 내 인생의 궤도를 수정하라는 하나님의 내적 음성을 들었다. 전공과는 전혀 무관한 목회자의 길을 걸으라는 소명의 음성이었다.

"네가 추구하려는 그 길은 네 야망이며 네 욕심이다. 그것은 나의 계획과는 아무런 상관이 없단다."

소스라치게 놀라 내 자신을 돌아보았다. 내가 이루려는 그 꿈들은 세상적인 성공에 초점이 맞추어져 있었다. 빨리 출세하고 빨리 높은 자리에 오르려는 잘못된 욕망으로 번들거리고 있었다. 그제야 이것이 하나님의 뜻과는 무관하다는 뼈아픈 자기 반성을 하게 되었다.

'내가 어떠한 존재로 살아야 하는가? 내가 하나님 앞에서 어떠한 모습으로 살아야 하는가?' 하는 내 자신과의 싸움을 이후 몇 달에 걸쳐 치열하게 거듭했다. 모세가 하나님의 산 호렙의 불타는 가시덤불 앞에 서서 신발을 벗었던 그 거룩한 결단의 순간이 내게도 찾아온 것이었다.

그러나 그동안의 꿈과 계획을 다 버리고 신학교라는 새로운 길을 가는 건 참으로 쉽지 않았다. 세상적인 성공의 길을 내려놓고 고난과 연단을 좌초하는 목회자의 길을 걸어가는 결단은 쉽지 않았다.

얍복 강에서의 야곱처럼 내 미래를 놓고 하나님께 치열하게 기도했다. 하나님과 영적 교제와 대화를 나누는 그 시간이 내게는 새로운 전환이 되었고, 결국 나는 그 길을 기쁨으로 걸어갈 수 있었다.

인생길을 걷다 보면 큰 위기가 여러 번 찾아온다. 그동안의 계획과 가치관이 무너져 낯선 길을 걸어가야 할 때도 있고, 부르심을 따라 소명의 길을 걸어야 할 때도 있고, 두려워하던 일과 대면할 때도 있다. 그런데 그런 때일수록 하나님과 정직하게 대면해야 한다는 사실을 나는 지난 시간을 통해 깨닫게 되었다.

한편 목회자로서 겪는 위기도 있다. 교회를 이전하거나 교회를 건축하는 일 등이 그것이다. 이 시간은 위기이기도 하지만 또한 축복이 되기도 한다. 나는 10년 전 교회를 새로운 지역으로 옮겨서 건축해야 했다. 당시 교회는 20년 동안 한 지역에서 정착하여 나름대로 교회 성장의 기본 골격을 갖춘 상태였다. 하지만 탄력 있게 증가하는 교인 수에 비해 교회 건물이 너무 비좁았다. 교육 시설도 열악하여 역동적인 성장을 기대하기 어려웠다.

더구나 그즈음 교회 주변이 점차 슬럼화되면서 계속해서 교회 유리창이 깨지고 도난 사건이 일어났다. 교인들의 안전 문제가 염려되었다. 교회는 현 지역에서 건물을 증축할지, 새로운 지역으로 이전할지를 놓고 심각하게 논의했으나 저마다 생각이 달라서 쉽게 이견이 좁혀지지 않았다. 대립은 갈수록 심각해졌고, 당회는 건축위원회 모임을 가질 때면 몸살을 앓았다. 성도 간에 고성이 오가고 불화가 생기면서 분열되기에 이르렀다. 교회가 발전하여 새로운 비전을 추구해야 할 시점에 오히려 분란과 분쟁의 양상으로 치닫고 만 것이다.

이렇게 몇 달을 보냈다. 담임목사로서 고뇌에 찬 시간이었다. 나는 사실 이번 기회에 새로운 곳으로 이주하길 바랐지만 교인 간에 갈등의 골이 깊어지자 결단할 수 없었다. 나는 모든 제직들이 모인 가운데 이제 회의는 그만하고 기도만 하자고 제안했다. 회의가 많으면 회의(?)가 깊어지게 마련이다. 위기의 순간에는 먼저 하나님께 한마음으로 기도하며 마음을 모아야 한다. 기도하면 반드시 한마음으로 묶어 주신다는 확신이 있었다.

"하나님, 정말 하나님의 뜻이 어디에 있습니까? 우리가 어떠한 꿈을 꾸어야 합니까?"

나를 비롯해 모든 성도들이 6개월 동안 간절히 기도했다. 어느 날 새벽기도를 마친 후에도 교회 뒷마당을 걸으면서 계속 기도했다. 그런데 하나님께서 성령 가운데 감동의 마음을 주셨다.

"이제 기도의 분량이 찼으니 새로운 땅으로 나아가라!"

성령의 감동과 함께 불안하고 답답했던 내 마음에 깊은 평안과 확신이 찾아왔다. 하나님이 이 일에 은혜를 주실 것이라는 믿음이 생겼다. 하지만 그러고도 며칠 동안 하나님께 다시 한 번 믿음의 사인을 보여 달라고 간구했다. 그렇게 더 확실한 담대함을 얻은 뒤 나는 당회원 모임을 소집했다. 그리고 당회원들에게 내가 기도 가운데 받은 그날의 하나님의 은혜를 나누었다. 그런데 놀랍게도 격론이 벌어질 줄 알았던 그날 모임에 당회원들이 의외로 묵묵히 내 의견을 경청하고 있었다. 그리고 가장 연장자이며 지금은 소천하신 장 장로님이 이렇게 말씀하셨다.

"우리는 목사님이 하나님께서 보내 주신 우리의 목자라고 믿습니다. 목사님이 그런 비전을 하나님께 받았다니 우리는 그것이 하나님이 주시는 비전인 줄로 믿습니다. 새로운 지역으로 이전합시다. 제가 이전하도록 동의합니다."

최고 연장자이신 장로님이 이렇게 말씀하자 한 사람을 제외하고는 모두가 그렇게 하자고 그 자리에서 동의해 주었다. 눈으로 보고도 믿기지 않는 일이 일어난 것이다. 지난 6개월을 간절히 기도로 매달렸더니 하나님께서 우리의 기도를 들어주셔서 찢기고 나뉜 마음을 하나로 묶어 주셨다.

그때 나는 위기 가운데 있을 때 무엇보다 우리가 보여야 할 믿음의 반응이 중요하다는 것을 깨달았다.

위기의 순간에 기도할수록 하나님의 뜻이 확연히 드러난다. 하나님은 우리가 위기의 순간에 믿음의 올바른 반응을 하기를 원하신다. 위기를 통해 하나님이 오히려 당신의 목적을 이루어 가신다.

간혹 위기가 우리의 믿음을 흔들어 놓기도 하고 교회 공동체를 분열시키기도 한다. 그러나 역설적으로 그 위기가 우리의 믿음을 굳게 세워 주기도 한다.

위기는 어떤 인생도 피할 수 없다. 그러므로 위기에 대처하는 가장 좋은 지혜는 부정적인 상황에서 오히려 하나님의 영광이 나타나도록 바르게 반응하는 것이다. 위기 때 오히려 더욱더 하나님과 깊이 만나고 체험해야 한다. 모든 위기에는 반드시 하나님의 숨

겨진 목적이 있기 때문이다. 그래서 위기를 바라보는 바른 눈이 필요하다.

삶을 위협하는 것은 비단 우리 공동체에 닥치는 위기의 격랑뿐이 아니다. 가정의 격랑, 교회와 사회의 격랑, 직장의 격랑, 인간관계의 격랑… 파도처럼 끊임없이 밀려오는 숱한 격랑들이 우리 삶을 위협한다.

그런데 이 격랑을 대하는 두 종류의 사람이 있다. 하나는 격랑이 밀려왔을 때 불평하는 사람이다. 격랑으로 인해 자포자기하고 비관하고 회피하고 도망가는 사람들이다. 우리나라에서 매년 1만 5000~2만 명가량이 자살을 한다. 자살을 기도하는 사람까지 포함하면 훨씬 더 많은 사람들이 생을 포기하고 회피하며 살고 있다. 인생의 위기를 직면하여 싸워 이기려고 하지 않는다.

다른 하나는 인생의 격랑에 맞서 씨름하는 사람이다. 의연하고 용감하게 인생의 파도를 헤쳐 나가는 사람들이다. 이들은 인생에 격랑이 밀려올 때 그것을 성숙의 자양분으로 삼는다. 오히려 이전에 경험해 보지 못한 하나님의 사랑을 발견하며 하나님이 주신 소명을 붙든다.

위기 가운데 더 빛나는 바울의 리더십

사도행전에는 위기가 닥쳤을 때 선교적 리더십으로 이를 헤쳐 나간 이야기가 많이 나온다. 그중 바울의 위기 극복 리더십이 단연 압권이다.

사도행전 27장에는 가장 어려운 시기를 지나는 바울의 삶이 그려져 있다. 3차 전도여행을 마친 바울이 많은 사람들의 만류에도 불구하고 예루살렘을 방문하는 것으로 위기가 시작된다. 예루살렘행은 그야말로 환난과 핍박, 심지어 목숨을 잃을 수 있는 위태로운 행보였다. 예상대로 바울은 아시아에서 온 유대인들에게 고초를 당한 뒤 마침내 재판에 회부되어 우여곡절 끝에 로마로 떠나게 된다.

죄인의 신분으로 로마행 배에 오른 바울은 그럼에도 당당히 선장에게 이렇게 충고했다.

"이번 행선을 중단하십시오. 하나님께서 나에게 이 항해에는 엄청난 어려움이 따를 것이라고 말씀하셨습니다."

하지만 선장이 한낱 죄수에 불과한 바울의 말에 귀를 기울일 리 만무했다. 그리고 곧 유라굴로라는 엄청난 광풍을 만나게 되었다. 이 광풍은 바울이 탄 배를 남서쪽 망망대해로 떠밀더니 파선 직전까지 몰고 갔다. 선원들은 배에 실은 짐들을 하나하나 버리며 악전고투했으나 풍랑은 잦아들지 않았다.

여러 날 동안 해도 별도 보이지 아니하고 큰 풍랑이 그대로 있으매 구원의 여망마저 없어졌더라 (행 27:20)

극심한 풍랑, 극한의 위기가 바울과 그 일행에게 몰려온 것이다. 사람들은 하나둘 이제 죽게 되었다고, 더 이상 살아 돌아가기는 틀렸다면서 삶에 대한 희망을 놓기 시작했다.

바로 이때 바울의 리더십이 빛을 발하기 시작했다. 위기 가운데 빛나는 바울의 영적 리더십은 감동 그 자체였다.

절망에 빠진 선원들과 달리 바울은 오히려 믿음을 굳건히 하며 희망을 가지라고 그들을 독려했다.

내가 너희를 권하노니 이제는 안심하라 너희 중 아무도 생명에는 아무런 손상이 없겠고 오직 배뿐이리라 (행 27:22)

바울은 무시무시한 광풍 앞에서도 조금도 흔들림이 없었다. 오히려 담대한 믿음으로 주변 사람들에게 희망을 가지라고 설파했다. 절망의 백성을 구원으로 이끄는 선교적 리더십을 발휘한 것이다.

바울이 만난 광풍은 오늘날에도 몰아치고 있다. 따라서 우리도 바울처럼 광풍 중에 선교의 비전, 복음의 비전을 제시할 기회가 있다. 그것은 절망에 빠진 세상 사람들을 하나님의 구원으로 인도해

낼 기회다. 승객의 안전과 생명을 책임지는 자리에 있으면서 오로
지 자기 목숨만 건지려고 배를 빠져나온 세월호 선장과 같은 리더
십이 세상을 장악하지 않도록 크리스천들이 선교적 리더십을 발휘
해야 할 때인 것이다. 위기 상황에서 가장 큰 도전은 함께하는 사
람들에게 희망을 제시하고 자기를 희생하는 것이다.

> 우리는 혹시 암초에 걸리지나 않을까 염려하여, 고물에서 닻
> 네 개를 내리고, 날이 새기를 고대하였다 (행 27:29, 새번역)

폭풍우를 만났을 때 가장 안전한 방법은 흔들리지 않는 어떤
견고한 토대 위에 닻을 내리고 인내하며 기다리는 것이다. 우리가
닻을 내려야 할 견고한 토대는 바로 하나님이다.

먼저 하나님의 음성에 귀 기울이라

바울은 무엇보다 폭풍우가 몰아치는 현장에서 하나님을 향한
놀라운 신앙을 고백하고 있다.

> 내가 속한 바 곧 내가 섬기는 하나님의 사자가 어제 밤에 내
> 곁에 서서 말하되 (행 27:23)

바울은 하나님께 속한 자라고 자신의 정체성을 분명히 밝히고 있다. 아울러 하나님을 '내가 섬기는 하나님'이라고 강조하고 있다. 흔들리는 세상에 살면서 하나님의 자녀라는 분명한 정체성을 가지고 있어야 세상에서 흔들리지 않게 된다. 세상에 속한 자가 아니라 하나님께 속한 자라는 분명한 정체성을 가질 때 우리는 시험에 빠지지 않고 유혹에 넘어지지 않을 수 있다.

한 걸음 더 나아가 바울은 폭풍우 가운데서 하나님의 음성과 임재를 느끼고 있다.

바울은 어떠한 상황에서도 하나님과 교제했다. 풍랑이 거센 중에도 하나님 앞에서 살아가는 삶의 자세가 흐트러지지 않았다. 그렇기에 풍랑 중에 주시는 세밀한 음성을 들을 수 있었다. 그 세밀한 음성은 한마디로 "두려워하지 말라"(행 27:24)이다. 두려워하지 말라는 주님의 음성을 들을 때 우리는 광풍이 몰아치는 중에도 평안할 수 있다.

바울에게는 세차게 몰아치는 폭풍우 가운데서도 하나님의 음성을 들을 수 있는 귀와 영적 분별력이 있었다. 인생에 광풍이 몰아칠 때 하나님의 음성을 듣는 것이 왜 중요할까? 하나님의 음성만이 우리의 두려움을 떨쳐 내기 때문이다. 모든 사람이 두려워하다 못해 절망에 빠졌을 때 바울만이 "두려워하지 말라"는 하나님의 음성을 듣고 담대할 수 있었다. 그러한 하나님의 음성을 들을 때 우리의 영혼이 살아난다. 어떠한 폭풍우에도 두려워하지 않게 된다. 하나님의 말씀만이 다른 모든 생각을 압도하는 지혜와 구원의 목소리인 것이다.

목회 현장은 늘 위기다. 위기가 아닌 중에도 위기다. 위기가 닥치면 순식간에 자신감을 잃고 두려워진다. 그때 하나님께 나아가 부르짖어 기도하면 "내가 너와 함께하마"라는 하나님의 음성을 듣고 다시금 담대해진다. 그 음성을 들으면 이전보다 더 담대하고 강력한 리더십을 발휘하게 된다. 세상적인 방법을 버리고 먼저 하나님 앞에 나아가 묵상하고 기도할 때 하나님의 지혜와 능력으로 덧입게 된다.

그러므로 위기의 순간에 하나님의 음성 듣기를 사모하기 바란다. 음성을 들을 때 사명의식을 놓치지 않게 된다.

교회는 이 시대를 향한 하나님의 말씀에 더 귀를 기울이고 기도의 자리로 나가길 힘쓰며 성령님의 음성 듣기를 더 사모해야 한다. 그래야 교회가 처한 위기를 극복할 수 있다.

오늘날의 위기는 단순히 먹고사는 경제 위기만이 아니다. 맘몬 신을 좇으며 지나치게 탐욕스럽고 교만한 영적 위기가 그 근본에 있다. 우리에게 찾아오는 광풍 같은 위기의 이면에는 하나님이 우리에게 들려주시고자 하는 구원의 메시지가 있다. 절박하게 붙들어야 할 생의 교훈들이 있다. 오늘날 하나님의 교회가 들어야 할 경고의 메시지다. 나라와 국민이 붙들어야 할 역사의 메시지다. 우리는 이 생명의 음성을 듣고 하나님의 구원 사역에 다시 한 번 우리 자신을 몸 바쳐야 한다.

하나님이 주시는 소명을 붙잡으라

위기의 순간에 바울이 내린 첫 번째 닻이 하나님의 음성을 듣는 것이었다면 두 번째 닻은 하나님의 소명을 받은 것이었다.

> 바울아 두려워하지 말라 네가 가이사 앞에 서야 하겠고 또 하나님
> 께서 너와 함께 항해하는 자를 다 네게 주셨다 하였으니 (행 27:24)

이 말씀을 알아듣기 쉽게 바꾸면 이렇다.

"바울아, 네게 주고 싶은 선교 계획이 있다. 네가 이 배에 탄 것은 너를 위한 나의 목적이 있기 때문이다. 너를 향한 목적은 네가 당한 이 폭풍보다 훨씬 더 크고 위대한 것이다."

하나님은 우리 한 사람 한 사람을 향한 구체적인 목적과 계획을 갖고 계시다. 그리고 하나님은 우리가 그 계획과 목적을 이루도록 도와주신다. 하나님의 비전을 발견한 사명자는 그 소명을 완수할 때까지 절대로 흔들리지 않기 때문이다.

위기일수록 하나님의 비전을 붙들어야 한다. 하나님이 주신 비전만이 위기 가운데 길을 잃은 우리를 인도해 줄 나침반이다.

풍랑을 만나면 내가 세운 시시한 야망과 부질없는 욕심은 순식간에 산산조각 난다. 왜 그런가? 하나님이 계획하신 것이 아니기 때문이다 하나님의 목적, 하나님의 비전은 하나님이 허락하신 것이므로 하나님께서 반드시 이루신다.

하나님의 목적만이 영원하고 변함 없다. 하나님의 목적만이 모든 문제를 초월한다. 하나님의 비전이란 현재 보이는 틀을 하나님의 안목으로 다시 생각하고 다시 짜는 행위다. 그러는 가운데 지난날 꿈꾸어 보지 못했던 변화와 결단의 세계로 나아가는 것이다.

묵시가 없으면 백성이 방자히 행하거니와 (잠 29:18)

비전이 없으면 사람들은 부패해서 방자히 행하게 된다. 하나님은 때때로 우리를 벼랑 끝으로 데려가 거기서 떨어뜨리시는데, 그래야 우리가 새로운 길을 떠나기 때문이다. 비전이 없으면 과거에 묶여서 현재도 없고 미래도 없는 삶을 살게 된다. 그러나 비전이 있으면 과거에는 상상도 할 수 없었던 무한 가능성을 가진 삶으로 전환하게 된다.

내가 교회에 부임한 뒤 얼마 지나지 않아 여러 가지 갈등 상황으로 인해 고통스럽던 때가 있었다. 절망과 낙담에 빠져 있을 때 하나님께서 친히 찾아와 내게 선교 비전을 주셨다.

> 또 이르시되 너희는 온 천하에 다니며 만민에게 복음을 전파
> 하라 (막 16:15)

당시 교회는 무엇보다 변혁에 대한 의지가 없었다. 그리고 교인들은 몇 년 동안 계속된 분쟁을 겪으며 교회관이 많이 훼손되어 있었다. 지역 사회에 투영된 교회 이미지도 부정적이었다. 교회의 상황은 암울했고, 나도 대충 때우는 목회를 할 뻔했다. 그런 나와 교회를 붙들기 위해 나는 하나님께 간절히 기도했다. 어느 날 기도 가운데 하나님께서 주시는 선교적인 부르심이 있었다.

"너부터 먼저 드려라."

나를 드리라는 것이 무슨 의미인지 처음에는 잘 알아듣지 못했다. 그러나 어느 순간부터 나를 전적으로 헌신해야 한다는 하나님의 음성이 느껴졌다.

그때까지 교회는 한 달에 100~200불을 선교지에 보내는 것으로 선교에 참여한다고 위안 삼고 있었다. 그날 이후 나는 매년 청소년들을 데리고 중남미로 선교를 떠났다. 15년이 지난 지금 그때 활동하던 아이들 중에서 선교사로 헌신하는 이들도 있다.

이렇게 선교를 하니까 갈등 상황에 놓여 있던 장로들이 먼저 크게 변화되었다. 세 차례에 걸쳐 모든 장로가 선교지에 나가 현장을 견학하고 봉사하면서 선교적인 비전을 갖게 되었다. 장로들의 변화는 곧 교회의 변화로 이어져 점차 선교적인 교회로 탈바꿈하게 되었고, 이제는 선교에 올인하는 교회가 되었다.

우리 교회는 특별히 교육 선교에 힘을 쏟았다.

아프리카 케냐의 미전도 종족 포콧(Pokot) 지역에 유치원과 초중고를 세워 800명의 아이들에게 복음과 하나님의 사랑을 전했다. 조혼 풍습으로 인해 공부를 포기해야 하는 여학생들이 계속 공부할 수 있도록 기숙사도 지었다.

포콧은 한때 저주와 인습의 마을로 유명했으나 학교가 세워짐으로써 축복과 성장의 상징이 되었고, 자연스럽게 주변 지역의 중심지가 되었다. 복음과 하나님의 사랑이 이룩한 일이었다.

사회주의 국가 니카라과에도 유치원부터 초중고 기독교 사립학교를 세워 600여 명의 아이들에게 복음을 전하고 있다. 학생들은 물론 학부형에게까지 복음이 들어가 가족 전체가 구원받는 역사가 일어나고 있으니 얼마나 감사한지 모른다. 그 외에도 멕시코 유카탄을 비롯해 많은 곳에 복음의 씨앗을 뿌리고 있다.

이렇듯 우리 교회는 목회의 위기를 만났을 때 오히려 비전을 붙듦으로써 "너희는 온 천하에 다니며 만민에게 복음을 전파하라"

는 언약의 비전을 이루어 가고 있다.

하나님의 비전은 실로 경이롭다. 선교에 대한 계획도 관심도 없던 교회가 하나님의 비전을 붙들자 변화되어 전 세계에 선교의 지경을 넓히는 교회가 되었으니 말이다. 하나님이 주시는 비전만이 위기를 극복하는 견인차가 된다.

하나님의 언약을 붙들라

셋째, 위기의 광풍이 불 때는 우리 영혼의 닻을 하나님의 언약 위에 세워야 한다. 인생의 광풍 중에도 하나님의 약속을 주장해야 하는 것이다. 성경에는 우리가 어려움에 처했을 때 하나님께 말씀을 근거로 주장할 수 있는 언약의 말씀이 3만 2500개나 있다.

> 그러므로 여러분이여 안심하라 나는 내게 말씀하신 그대로 되리라고 하나님을 믿노라 (행 27:25)

사도 바울은 하나님의 언약을 확고히 믿었다. 하나님은 반드시 약속을 지키시는 신실한 분임을 조금도 의심하지 않았다. 이 하나님의 약속 위에 내 믿음의 닻을 내리는 것이다. 말씀대로 이루어진다는 믿음의 확신만이 위기 가운데 우리를 지켜 줄 것이다.

믿음은 바라는 것들의 실상이요 보이지 않는 것들의 증거니

(히 11:1)

믿음이란 현재는 아무것도 없지만 결국 필요한 것을 얻게 되리라는 확신이다. 언약에 대한 믿음은 하나님의 성품에 대한 강한 확신이다. 나는 해결할 수 없는 문제라도 하나님은 능히 해결하실 수 있음을 아는 것이다.

바울은 요동치는 풍랑 가운데 모두가 절망하고 있을 때, 그 자신은 물론이고 배에 탄 모든 사람을 하나님이 구원해 주실 줄로 확신했다. 이렇게 의심 없이 확신했으므로 하나님의 음성에 전적으로 순종할 수 있었다.

바울은 자기 힘으로는 할 수 없는 그것을 하나님께서 하나님의 때에 이루실 것이라 확신했다. 그리고 뱃사람들과 함께 구사일생으로 살아나 로마로 입성하여 복음을 전했다. 이때 바울은 또 한 번 살아 역사하시는 하나님의 임재를 확신했을 것이다.

지난날 나는 재정적인 어려움이나 관계의 어려움 때문에 교회가 위기 가운데 있을 때 많이 흔들렸다. 하지만 목회의 연륜이 쌓인 지금은 위기가 닥쳐도 예전처럼 흔들리거나 떨거나 좌절하지 않는다. 신실하신 하나님의 언약을 붙들고 불확실한 미래에 내 몸을 던지면 놀랍게도 문제가 해결되는 것을 경험으로 알게 되었기

때문이다.

미국의 금융 위기로 전 세계가 몸살을 앓을 때 우리 교회는 교역자들의 사례나 선교 지원금을 단 한 번도 미뤄 본 적이 없다. 교회의 재정이 넉넉해서가 아니다. 어렵기는 마찬가지였지만 믿음으로 돈을 사용했다. 그렇다고 돈 많은 교인을 의지한 적도 없다. 하나님이 아니라 사람을 의지할 때 사역에 차질이 빚어지는 것을 경험으로 알기 때문이다. 나는 교회가 재정적으로 어려워지면 하나님의 신실하심에 호소했다. 하늘을 바라보며 하나님의 은혜를 구할 때 하나님은 여러 경로를 통해 우리의 필요를 채워 주셨다. 이것이 하늘의 공급 방식이다.

유라굴로의 거친 풍랑 가운데서 바울은 오로지 신실하신 하나님만 붙들었다. 인간의 지식이나 기술, 경험에 의지하지 않고 오로지 하나님께 엎드려 은혜를 구했다. 그런 바울을 통해 하나님은 하나님의 방식으로 은혜를 공급하셨다.

> 음식 먹기를 권하노니 이것이 너희의 구원을 위하는 것이요 너희 중 머리카락 하나도 잃을 자가 없으리라 하고 떡을 가져다가 모든 사람 앞에서 하나님께 축사하고 떼어 먹기를 시작하매 (행 27:34-35)

금방이라도 집어삼킬 것처럼 달려드는 풍랑 가운데서 바울은 사람들을 불러 음식 먹기를 권하고 있다. 마치 성찬식을 베푸는 것 같다. 바울은 배에 탄 모든 사람을 하나님의 신실하심을 목격하는 증인들로 초청하고 있는 것이다. 그들은 실제로 바울이 권한 음식을 먹고 힘을 얻었다.

바울은 연설하거나 설교하지 않았다. 그들에게 당장 필요한 먹고 마시는 일을 공급할 뿐이었다. 이것이 바울의 리더십이 빛나는 이유다.

로마 병사들이 죄수들이 배를 버리고 도망칠 것을 두려워해 차라리 그들을 모두 죽이고자 했을 때, 백부장 율리오는 바울 때문에라도 그들을 죽이지 못하도록 했다. 풍랑을 만난 때부터 그 배의 리더는 백부장이 아니라 이미 바울이었기 때문이다. 그들을 이끌어 가는 그 배의 중심인물이 된 것이다.

교회가 바로 이래야 한다. 삶을 시시각각 위협하는 위기가 닥쳤을 때 교회는 바울처럼 오로지 하나님의 신실하심을 붙들고 겁에 질린 사람들에게 당장에 필요한 음식을 권하고 풍랑을 이길 힘을 주어야 한다. 그리고 그들을 이끌고 풍랑을 헤쳐 믿음의 승리가 기다리는 항구로 나아가야 한다. 경제 위기가 몰아칠수록 교회는 가난하고 소외된 자를 보듬어 안으며 위기를 극복해 나가야 한다.

우리는 바울에게서 인생길에서 만나는 풍랑을 이길 방법을 배운다. 한마디로 요약하면 인생의 풍랑 앞에서 잃지 말아야 할 세 가지가 있다는 것이다. 첫째는, 전능하신 하나님을 향한 믿음이고, 둘째는 하나님의 말씀만이 희망이며, 셋째는 하나님이 주신 비전이다. 이 세 가지를 붙들고 있는 한, 어떤 위기가 와도 꿋꿋이 나아갈 수 있다.

리더는 현장을 떠나서는 안 된다

그동안 살면서 깨닫게 된 두 가지 중요한 진리가 있다. 첫째는 모든 인생은 위기와 시험을 통과해야 한다는 것이다. 나 역시 목회를 하면서 위기와 시험이 여러 모양으로 몰려왔다. 위기가 올 때 무엇보다도 경험과 정보가 부족하다는 것을 절실히 느끼게 된다. 처음에는 그렇게 각기 다른 얼굴로 찾아오는 위기와 시험이 두려웠다. 잠을 설치고 마음이 두근거리기도 했다. 이러다 목회도 실패하고 인생도 실패하는 게 아닌가 두려웠다.

그러던 어느 날 두 번째 진리를 깨달았다. 그것은 각양각색으로 찾아오는 위기와 시험을 잘 극복하면 하나님의 축복이 임한다는 것이다. 시험은 왕왕 변장된 하나님의 축복이었다. 시험은 하나님이 우리 인생을 새롭게 하는 기회였다.

두 번째 진리를 깨닫고 나자 더 이상 시험과 위기가 무섭지 않게 되었다. 오히려 하나님의 은혜로 세차게 밀려오는 위기의 파도를 서핑하는 여유가 생겼다. 위기 관리에 대한 새로운 안목도 생겼다. 덕분에 몇 권의 책을 출간할 수 있었고 세미나에 초청받아 내 경험을 나누게 되었다.

위기 극복의 리더십 중 중요한 요소는 탄력적 리더십이다. 위기 시에는 리더가 원칙을 지키면서도 상황에 맞게 탄력적으로 의사 결정을 내려야 하기 때문이다. 특히 한 나라의 대통령이나 큰 리더십을 발휘해야 하는 지도자들은 직관적인 리더십이 필요하다. 직관이란 한마디로 날카롭고 신속한 통찰력을 말한다. 벌어진 상황을 날카롭게 통찰해서 신속하게 대처하는 능력이 필요한 것이다. 날카로운 직관을 가진 리더들은 한마디로 리더십 상황을 읽어내는 눈이 있다.

그런데 이런 직관은 현장 경험이 많은 사람들이 갖게 된다. 그러므로 리더는 위기가 닥쳤을 때 현장을 떠나서는 안 된다. 오래 머물면서 현장을 이해하고 전문가들의 의견을 경청하고 벌어진 상황을 솔직하게 공개하고 좌절에 빠진 사람들을 위로해야 한다.

2001년 9월 11일, 누구도 예상하지 못한 테러가 일어났을 때, 루돌프 줄리아니 뉴욕 시장은 현장을 떠나지 않고 함께 수습하면서 쉴 새 없이 시민들과 소통했다. 직관적인 리더는 절대 현장을 떠나지 않는다.

요즘처럼 위기가 다반사인 시대에 탁상공론이나 일삼는 리더는 진정한 리더가 아니다. 관료적인 리더는 이제 더 이상 필요없다.

교회도 마찬가지다. 사역과 선교 현장을 경험하지 않은 사람들은 뜬구름 잡는 말을 늘어놓기 쉽다. 현장에서 몸으로 부딪쳐 경험을 쌓은 사람들은 화려하지 않지만 필요한 조언을 해준다.

교회는 사회와 달리 원칙만 고집해서도 안 되고 원칙을 무시하고 탄력적으로만 운영해서도 안 되는 곳이다. 원칙과 탄력이 적당히 긴장감을 갖고 적용되어야 하는 곳이다.

바른 위기 위식이 필요하다

무엇보다 바른 위기 의식을 갖는 것이 필요하다. 현재 위기가 몰아쳤는데도 위기를 위기로 의식하지 못하는 경우가 많다. 그러면 조만간 그보다 더 큰 위기를 만나게 된다.

위기를 만났을 때 가장 먼저 할 일은 '문제의 본질이 무엇인가?' 질문하는 것이다. 문제의 근본 원인을 발견하는 것이 위기를 극복하는 첫걸음이다.

사실 교회 공동체만큼 현실에 대한 분석이나 평가가 부재한 곳도 없다. 그래서 교회 바깥에서는 문제가 빤히 보이는데 교회 안에서는 보이지 않는 경우가 많다. 더구나 문제를 지적해도 은혜가 안 된다며 적당히 얼버무리려 든다.

따라서 문제의 근본 원인을 발견하려는 자세가 무엇보다 중요하다. 설문조사를 하고 간담회를 열고 교인들과 진솔한 대화를 통해 문제가 무엇인지 발견하고 인정할 때, 극복의 길이 열리기 시작한다.

위기를 인식한 다음 필요한 것이 해결을 위한 실질적인 행동으로 나아가는 것이다. 이때 창의적인 방법이 필요하다. 예를 들면, 설교자는 새로운 설교 방식을 시도해 보고, 목회도 새로운 구조를 세워 교인들을 목양해 보는 것이다. 30~40대의 젊은 교인들을 위해 SNS를 통한 커뮤니케이션 채널을 가동하거나 예배에 새로운 형식을 도입하는 것도 한 방법일 것이다.

한국이나 미국에서 새롭게 성장하고 부흥하는 교회들을 보면 이 같은 창의적인 시도가 돋보이는 것을 발견하게 된다. 그런데 창의적인 시도에 앞서 먼저 문제의 본질을 발견하는 탁월한 안목이 선행되고 있음을 본다. 그리고 이 탁월함은 대개 교인들에게서 나온다. 그러므로 교인들이 스스로 탁월한 안목과 창의성을 발휘하도록 시스템을 만드는 것이 중요하다.

가령, 제직회에서 사소한 문제로 서로 언성을 높이며 다투거나 논쟁을 벌이기보다는 소그룹으로 모여 교회의 발전과 방향을 위한 의견을 나누도록 한다거나, 기존의 당회나 운영위원회를 창의성이 발휘되는 모임으로 이끄는 것이다. 이것이 교회의 발전을 위해 중요하다.

교인들로 하여금 문제를 정의하게 할 뿐만 아니라 그 문제의 해결 방법까지 제시하도록 이끌어 가는 교회가 좋은 교회다. 많은 교인들이 작금의 교회 상황에 대해 불만이 많다. 건강한 언로를 통해 그 같은 불만이 방출되어야 한다. 그리고 나아가 문제를 해결하는 주체자로 세워져야 한다. 교인이 스스로 문제 해결의 주체자로 세워질 때 교회는 건강해진다.

chapter 2

제도화된 교회에
생명을
불어넣으라

저명한 교회 성장학자인 에드 스태저(Ed Stetzer) 목사가 전하는 어느 교회 이야기다. 에드 스태저 목사는 평균 연령 68세, 출석 인원 35명인 교회 성도들을 상대로 어떻게 하면 젊은 교인들에게 다가갈 수 있는지에 대해 세미나를 열었다. 그런 다음 그 교회 대표들을 동반하여 젊은이들에게 어필하는 교회 다섯 군데를 탐방했다. 예배는 물론 유아 시설 등 교회 전반을 둘러보게 했다.

그렇게 다른 교회를 탐방한 교인들은 수요예배 시간에 자기들이 본 바를 교인들과 나누었다. 그들은 자기들이 1970년대 식으로 예배를 드리고 있으며 다른 교회들은 전혀 다른 방식으로 예배를 드리고 있다고 설명했다. 어느 노부인은 이렇게 말했다.

"그동안 교회가 많이 변했더군요. 그런데 아무도 이러한 변화를 우리에게 말해 주지 않았어요."

미국 한인들은 한국에 사는 동포들보다 더 보수적인 것 같다. 변화무쌍한 미국 사회와 상관없이 그들은 미국에 도착하던 때의 모습 그대로 살아간다고 스스로 고백한다. 우리도 모르는 새에 과거의 가치를 붙들고 무기력에 빠진 것은 아닌지 걱정스럽다.

교회학자 젠킨스(Jenkins)는 요즘 아시아와 아프리카, 중남미에서 기독교가 역동적으로 성장하고 있다고 진단한다. 반면, 기독교 성장이 멈춘 곳은 과거의 영광에 안주한 북미와 유럽이라고 한다. 이제 북반구 교회들이 남반구 교회들로부터 배워야 할 때인 것이다.

교회는 예배는 물론 사역과 회의 등에서 뼈를 깎는 변화를 시도해야 한다. 지금처럼 제도화되고 경직되어선 곤란하다. 또 총회, 대회, 노회, 헌법과 같은 외연에 매달리면 관료화되고 만다. 결국 역사 박물관이 되고 말 것이다.

교회는 변화를 수용하고 변화의 힘을 불러일으켜 잃어버린 영혼들을 구원하고 그들을 교회 안으로 초청해야 한다.

내가 섬기는 교회는 몇 달 전 히스패닉 회중들에게 다가가고자 새로운 예배를 만들었다. 어린 시절 중남미로 이민 갔던 어느 목회자에게 예배를 맡겼는데 새로운 예배는 교회 전체에 활기찬 바람을 일으켰다.

우리 교단은 천 개의 새로운 예배 처소를 만드는 운동을 벌이고 있다. 커피숍에서 영화관에 이르기까지 사람들이 모이는 곳이면 어디든 예배 공동체를 만들고 새로운 청중을 예배자로 변화시키고자 하는 것이다. 가정에서 예배를 드리는 가정 교회도 등장했고, 멀티사이트 처치(Multisite Church)도 새로운 교회의 개념으로 나타났다. 다문화 교회라든지 회복 중심의 치유 사역에 주력하는 교회도 있으며 캠퍼스 교회를 시도하는 젊은 사역자들도 있다.

복음은 영원불변하다. 그러나 그 복음을 전하는 방식은 시대마다 새로운 옷을 입을 수 있다. 우리는 기존에 해오던 방식에 안주해선 안 된다. 그 편안함이 복음의 생명력을 질식시키기 때문이다. 이제 변혁의 기차에 탑승하는 교회만이 살아남는 세상이 되었다.

교회를 위협하는 가장 큰 적들

기독교 변증가이자 복음주의자인 조시 맥도웰(Josh McDowell) 목사는 어느 기독교 변증 컨퍼런스에서 교회를 위협하는 세 가지를 지적했다.

첫째, 하나님의 절대성을 부인하는 상대주의의 범람이다. 그는 하나님 중심에서 자기 중심으로 바뀐 다원주의와 진리의 상대주의를 우려한다.

둘째, 인터넷을 통해 범람하는 세속주의적 정보가 교회와 도덕에 도전하고 있다. 그는 모든 교회와 부모가 인터넷과 경쟁을 벌이고 있다고 말한다. 청소년과 청년들은 인터넷에서 세상을 배우게 되었고 그럼으로써 믿음과 성경, 예수와 절대 진리에 대해 회의하거나 아예 떠나고 있다고 지적한다.

셋째, 젊은이들의 포르노 중독이다. 포르노는 예수 그리스도의 몸 된 공동체에 큰 위협이 되고 있는데, 그것을 탐닉하는 연령대는 12~25세라고 한다. 그리고 이것은 교회 안이나 바깥이나 크게 차이가 없다. 맥도웰 목사는 아이들이 인터넷에 노출된 포르노에 필연적으로 마주하게 되는 때를 준비하라고 조언한다.

현대는 20~30년 전과 판이하게 달라졌다. 성과 결혼을 신성시하던 지난 세대와도 또 다른 시대가 되었다. 우리 자녀들이 인터넷에서 접하는 세속적이며 정욕적인 정보의 탐닉은 우리의 상상을 초월한다. 아니 우리 역시 그런 분위기에 편승하고 있는지도 모른다. 내가 사는 지역의 신문에는 만화가 거의 포르노 수준이다. 이유는 있다. 그래야 시청자와 독자가 한 번이라도 눈길을 주기 때문이다. 이미 미디어의 공익성은 색 바랜 지 오래다. 오로지 말초신경을 자극해서 시청률과 구독률을 올리는 데 열을 올리고 있다.

이런 때에 교회의 역할은 무엇인가? 육신의 소욕을 부추기는 세상 문화와 전쟁을 선포하는 것이다. 그런데 과연 오늘날 교회가 그럴 용기가 있는지, 아니 세상의 변화에 대해 경각심을 갖고 있는지 의심스럽다.

우리는 크리스천이다. 하나님의 말씀대로 순결과 거룩을 이루는 소명을 받은 사람들이다. 현대인들이 저지르는 정신적이며 영적 부정행위는 하나님과 한 언약을 파기하는 것이다.

우리 자녀들이 세태를 좇아 살아가고 있다면, 세상에 동조한 우리의 죄악이 있지는 않은지 회개할 일이다. 또한 목회자가 세상 문화에 함몰되어 있어서 다음세대를 제대로 책임지지 못한 것은 아닌지 회개할 일이다.

의로운 롯은 소돔을 사랑했다. 죄 많은 소돔에 대해 분개하면서도 소돔 성에 미련을 두었다. 그 결과는 참담했다. 롯의 모습이 오늘날 우리 교회와 지도자들의 모습이 아닌가 싶어 안타깝고 부끄럽다.

세속적인 교회, 세속적인 교회 지도자는 세상 사람들에게 영향을 줄 수도 없고 주지도 못할 것이다. 교회가 사람들의 마음을 얻으려면 세상과 구별되어야 한다. 하나님께 전심을 다해 나아가야 한다. 길을 잃고 유혹의 미로를 헤매는 이 세상의 유일한 희망은 오직 거룩한 교회뿐이다.

한국교회, 잔치는 끝났는가?

한국의 몇몇 교회를 방문하고 집회도 하면서 한국교회가 침체기에 들었다는 느낌을 강하게 받았다. 《한국교회 미래 지도》라는 책에도 한국교회의 암울한 내일을 진단하면서 교회의 회복과 부흥에 대한 절박함을 가져야 한다고 지적했다.

또 이 책은 한국교회의 거대한 지형을 바꾸는 가장 근본 동인으로 인구 구조 변화를 꼽고 있다. 급격한 저출산과 고령화 현상이 이대로 진행된다면 2060년이면 한국 기독교 인구는 약 550만 명으로 줄어들 것이라는 게 이 책의 전망이다.

미국 기독교도 매년 수십만 명의 감소를 경험하고 있다. 인구 구조의 변화, 기독교 부흥의 다이내믹함 상실, 교회의 세속화와 권위 실추 등이 그 원인이 되고 있다.

한국의 경우 주일학교에서 인구 감소가 두드러진다. 내가 어렸을 때는 주일학교가 엄청난 부흥기였다. 여름성경학교가 시작되면 온 동네 꼬마들이 다 모였다. 하지만 지금은 주일학교에 아이들이 없다. 여름성경학교라고 다르지 않다. 내가 다니던 초등학교 학생이 예전에 비해 10분의 1로 줄었다고 해서 크게 놀랐다. 아무래도 저출산의 영향이 큰 것 같다.

한편, 학교가 경쟁 위주로 운영되다 보니 주일학교에 성실하게 나오던 아이들도 시험 때만 되면 빠진다고 한다. 부모들이 예배드리는 대신 시험공부를 하라고 종용하기 때문이다.

인간은 유아기와 청소년기, 청년기, 장년기, 노년기를 거쳐 죽음에 이른다. 교회도 마찬가지로 주기가 있다. 개척기에서 부흥기, 성숙기 그리고 침체기에 이른다. 모든 교회는 폭발적인 성장기를 지나 예외 없이 쇠퇴기를 맞는다. 물론 예외도 있지만, 그 경우도 쇠퇴기 대신 완만한 성장이나 현상 유지기를 갖는다.

한국교회는 지난날 엄청난 부흥기를 경험했다. 그리고 지금은 침체기에 접어들었다. 몇몇 대형교회를 제외하고 대부분의 교회가 성장 동력이 멈추었다고 한다. 그러나 영원한 침체는 없다. 우리가 섬기는 하나님은 회복의 하나님이시며 부흥의 하나님이시다. 침체를 맞은 한국교회에 새로운 부흥의 물결이 일어나야 한다. 그야말로 새로운 비전이 필요한 때다.

영성이 메말라 버린 이 땅에 교회가 더욱 강력한 영성 운동과 기도 운동 그리고 말씀 운동으로 하나님과의 깊은 교제를 제시할 수 있어야 한다.

지난날 교인들을 단지 부흥의 매개체로 생각하던 것을 회개하고 한 사람 한 사람의 전인격적인 영성을 점검하고 그들이 성숙한 신앙인이 되도록 도와야 한다.

아울러 100세 시대를 맞아 실버 세대를 위한 창조적인 목회 구상이 필요하다. 교회가 고령화 시대를 위해 대책을 세우고 그들을 위한 정교한 사역을 준비해야 한다. 또한 교회와 가정이 연대해서 다음세대를 신앙으로 가르치고 훈련하는 노력이 필요하다. 오렌지 컨퍼런스(노스포인트커뮤니티교회와 리싱크그룹이 매년 실시하고 있는 대규모 교육 컨퍼런스) 등이 새로운 교육 시스템을 만들어 가고 있는데, 실제로 이를 적용한 주일학교가 부흥하는 교회도 있다. 오늘 교회가 처한 환경만 탓할 게 아니라 대안을 위해 노력한다면 미래의 전망을 밝게 만들 수 있다.

하나님은 새로운 부흥을 일으키신다

하박국 선지자는 의인이 왜 고난을 당하고 악인이 어떻게 형통할 수 있느냐고 하나님께 항변했다. 그런 그가 하나님이 주신 계시를 깨닫고 하나님의 눈으로 역사를 바라보는 눈을 갖게 되자, 자신의 생각이 얼마나 짧고 부족했는지를 통렬히 반성하며 회개했다. 그런 다음 그는 부흥을 달라고 기도했다.

> 여호와여 주는 주의 일을 이 수년 내에 부흥하게 하옵소서 (합 3:2)

나는 이 본문을 읽다가 마음이 뜨거워졌다.

'그렇구나. 지금 우리에게 필요한 건 부흥이구나. 교회도 그렇고 우리의 심령도 그렇고 이 나라도 부흥이 필요하구나.'

부흥은 하나님의 생명이 새롭게 흘러 들어오는 것을 말한다. 죽었던 것이 다시 살아나는 은혜를 말한다.

요즘 한국교회든 이민교회든 희망보다는 절망을 자주 이야기한다. 교회가 성장을 멈추었다는 얘기도 들리고, 불황으로 인해 교회 건물이 팔려 나갔다는 얘기도 들린다. 교회학교가 점점 더 비어 간다는 비관적인 보고서도 접했다. 어떤 학자는 이러한 흐름이 포스트모더니즘과 세속주의의 자연스런 흐름이라고 본다.

그렇지만 세속주의의 파고가 높아질수록 우리가 간절히 바랄 것은 부흥이다. 하나님은 살아 계시며 역사하시기 때문이다. 어려운 때일수록 영적 지도자와 성도가 한마음이 되어 하나님의 은혜의 보좌로 나아가 회개하고 하박국 선지자처럼 부흥을 바라야 한다. 에스겔서의 마른 골짜기와 같은 교회를 하나님의 생명으로 소생시켜 달라고 기도해야 한다.

시대가 어두울수록 성령이 강하게 역사하신다. 다가오는 시대에는 말씀과 성령을 통한 새로운 변화를 추구해야 한다. 새로운 영적 리더십의 부흥과 혁신이 필요하다.

하나님은 부흥의 하나님이시다. 절망의 시간에 우리를 부흥으로 인도하시는 경이의 하나님이시다. 부흥은 진공 상태에서 오지 않는다. 열망해야 한다. 조나단 에드워즈(Jonathan Edwards)는 "부흥은 하나님의 주권적인 선물이다. 그러나 아무 곳에나 임하는 것이 아니라 사모하는 곳에 임한다"고 말했다. 부흥의 역사를 보아도 사모하는 자들과 회개하는 자들에게 임했다.

나는 지난 세월 목회를 하면서 교회의 부흥뿐 아니라 내 인생에 찾아오신 부흥의 하나님도 경험했다. 하나님의 생명을 경험함으로써 세계관과 목회관에 변혁이 일어났다. 이처럼 부흥은 하나님의 주권하에 있다. 나아가 인간의 몸부림이 더불어 조화를 이룰 때 강력한 부흥이 일어난다.

하나님은 여전히 새로운 부흥의 물결을 일으키시고 있다. 하나님의 역사를 미시적으로 혹은 몇몇 국가를 기준으로 판단해서는 안 된다. 종합적이고 거시적인 안목에서 보아야 한다. 하나님이 일으키시는 새로운 부흥이 아프리카와 동남아시아, 중국 그리고 라틴아메리카에 임하고 있다. 앞으로 세계 기독교의 지도는 획기적으로 바뀔 것이다.

제3교회들의 발흥이 예사롭지 않다. 과테말라는 대통령이 나서서 '예수 그리스도가 국가의 주인'임을 선포했다. 기독교적인 가치관으로 사회를 변혁시키겠다고 선포한 것이다. 과테말라는 이미 인구의 30퍼센트가 크리스천이다. 라틴아메리카에 밀려오는 부흥의 물결은 실로 경이롭다.

부흥의 불길을 재점화하라

《다시 부흥한 324교회 성장 리포트》의 저자인 에드 스태저 목사는 오늘날 많은 교회들이 쇠퇴하고 침체하고 있지만 여전히 성장하고 부흥하는 교회들이 있다고 소개하고 있다. 그는 이렇게 성장하고 부흥하는 수백 곳에 달하는 교회들을 조사한 결과 공통된 특징이 있음을 발견했다.

첫째, 이들 교회의 기독론이 매우 강하다는 것이다. 기독론이란 예수님이 누구인지를 확실하게 알고 깨달으며 믿는 것을 말한다. 예수님이 무엇을 하셨는지, 그분이 무엇 때문에 이 땅에 오셨는지, 예수님의 십자가와 부활이 성도의 삶에 어떤 관계가 있는지 등을 분명히 알고 있다는 것이다. 이를 통해 우리는 교회가 예수 그리스도의 고난과 흘리신 보혈의 능력 위에 세워져야 한다는 것을 배우게 된다.

둘째, 교회론이 바로 서 있다는 것이다. 부흥하는 교회는 주님이 세우고자 한 교회에 대한 이해가 분명하다고 한다. 많은 교회들이 교회를 마치 사회단체의 하나로 간주하는 것 같다. 동호회나 클럽 같은 친목 단체쯤으로 이해하는 사람들도 있다. 병든 교회론인 것이다. 교회론이 바로 서야 교회가 성장하고 부흥한다.

셋째, 부흥하는 교회는 선교론이 강하다는 것이다. 부흥하는 교회는 하나님 나라를 가장 효과적으로 확장하기 위해 어떤 선교적 교회로 나아가야 하는지를 분명히 하고 있다. 지역 사회와 열방을 향해 분명한 선교 비전과 전략을 갖추고 있는 것이다.

교회를 교회되게 하는 것은 어떤 프로그램이나 현대적인 건물에 있지 않다. 오늘날 많은 교회들이 프로그램으로 사람들을 현혹하려 한다. 실제로 많은 사람들이 더 좋은 시설과 프로그램을 찾아 교회를 떠돌아다닌다. 물론 프로그램도 필요하다. 그러나 프로그램은 결코 사람을 변화시키지 못한다.

교회는 여전히 회개, 십자가, 보혈, 중생, 신유, 성령, 부흥, 복음과 같은 하나님의 은혜만으로 교회다워질 수 있다. 그러므로 교회의 부흥은 오직 하나님의 거룩한 임재 앞에 나아가 자신의 죄악을 통렬히 통회하고 자복하며 회개할 때 임한다. 이렇게 회개와 참회로 성결해진 교회만이 거룩한 하나님의 군대가 된다. 이 세상과 자신 안에 있는 죄와 담대히 싸우게 된다.

복음은 영원불변하다.

그러나 그 복음을 전하는 방식은

시대마다 새로운 옷을 입을 수 있다.

우리는 기존에 해오던 방식에 안주해선 안 된다.

변혁의 기차에 탑승하는 교회만이

살아남는 세상이 되었다.

chapter 3

교회 내의 갈등,
객관화가
중요하다

종종 과로로 질병에 시달리는 목회자들의 안타까운 소식을 듣는다. 아직 한창 일할 나이에 하나님의 부르심을 받았다는 비보도 듣는다. 또 잘못된 길로 가서 지탄을 받는 목회자 소식도 듣는다.

나는 이런 소식을 들을 때마다 목회에서 가장 큰 적은 무엇일까를 묻게 된다.

목회자에게 무엇보다 가장 큰 적은 과욕이다. 몸을 돌보지 않고 교회의 크고 작은 일에 뛰어들어 에너지를 불사르는 것이 목회에 있어 걸림돌이다. 나도 개척 교회 시절에 교회 성장을 위해 무리하게 몸을 던지고, 교인들의 다양한 요구를 들어주기 위해 고군분투했었다.

교회는 역동적인 공동체다. 교회는 수시로 변화하고 교인들의 욕구도 수시로 변한다. 목회자는 어느 때는 교인들을 돌보는 일에, 어느 때는 설교자로서 말씀을 선포하는 일에, 어느 때는 교회 경영과 심방에 신경 써야 한다. 이렇게 다양한 역할과 요구들이 자칫 목회자로 하여금 과욕을 부리도록 이끌 수 있다.

무리하게 교회 건축을 시도하고 교회 성장에 대한 압박감을 느끼며 성도들의 무리한 돌봄 요구를 뿌리치지 못하는 모든 것이 과욕이다.

목회자가 현실에 대한 분명한 이해가 없으면 현실과 이상 사이의 괴리감을 인지하지 못하게 된다. 그러면 목회는 파괴적이 되고 교회는 서서히 병들어 가게 된다.

목회자는 수시로 '이 일을 위해 내가 부름을 받았는가? 하나님이 나를 무엇이 되게 하려고 부르셨는가?' 하는 질문을 스스로 던져야 한다. 그런 점에서 목회는 끊임없이 자기 정체성과 씨름하는 일이라고 할 수 있다.

목회자의 자기 정체성은 무엇인가? 나를 목회자로 부르신 하나님의 계획과 뜻을 기억하고 수행하는 것이다. 이 정체성을 잃지 않으면 과욕을 부려 자신과 교회를 넘어지게 하는 일은 없을 것이다.

교인들도 목회자가 슈퍼맨이라도 되는 줄 아는데 그런 생각이 목회자로 하여금 과욕을 부리게 만든다. 목회자도 때때로 슬프고 고뇌하고 피로를 느끼는 연약한 인간임을 잊지 말아야 한다.

갈등이 없는 교회는 없다

목회 현장에 있으면 늘 갈등과 위기 상황에 처하게 된다. 교회가 성장하면서 개척교회 시절의 초창기 교인들과 성장 과정에서 들어온 교인들 간에 갈등이 일어날 수 있다. 새로운 목회자를 청빙하려 해도 교인 간에 의견이 갈려서 곤란한 상황이 되기도 하고, 장로와 집사를 선출하려 해도 서로 간에 의견이 달라서 갈등하기도 한다. 또 새롭게 담임목사가 부임하면 그의 목회 스타일을 두고 성도들 간에 의견이 분분해진다.

설교 스타일도 설왕설래한다. 설교자가 예화를 많이 들면 거룩하지 못하다고 하고, 설교자가 너무 본문 말씀만 설교하면 지루하다고 불평한다. 자기가 좋아하는 경향이 받아들여지기를 바라며 갈등하는 것이다.

교회 건물을 증축할 것인가, 신축할 것인가를 놓고도 교인 간에 격론이 벌어진다. 교회의 사역 방향이나 신학적인 견해를 놓고도 다툼이 벌어진다. 교인들 간에 불화와 반목도 종종 생긴다. 심한 경우 교회가 쪼개지기도 한다.

이처럼 지상에서 갈등이 없는 교회는 없다. 사람이 모이는 곳에 갈등이 없을 리 만무하다. 특히 교회는 다른 어떤 곳보다 갈등이 많은 곳이다. 그렇다면 관건은 갈등을 어떻게 해결하느냐이다. 갈등은 오히려 공동체에 유익을 주고 더 건강하게 성장할 수 있는 계기가 될 수 있다.

한국교회는 만장일치를 은혜라고 생각한다. 모든 교인이 찬성하는 것이야말로 은혜라고 여긴다. 하지만 완전하지 못한 인간들로 구성된 공동체에서 만장일치란 교회가 건강하지 못하다는 방증이 될 수 있다. 지혜롭게 갈등을 다루면 교회가 성장하고 변화되는 원동력이 될 수 있다.

갈등은 '부딪친다'는 라틴어에서 유래한 단어다. 어원적으로는 '함께 부딪친다'는 의미다. 따라서 갈등은 둘 이상의 주체가 동시에 한 공간이나 목표를 점유하려고 하기 때문에 나타나는 현상이다. 모든 갈등의 원인은 무엇보다 인간의 자기중심적이며 원초적인 죄성으로 인해 발생한다.

이민교회의 경우 한정된 예산과 사람, 한정된 공간을 놓고 때때로 부서와 부서, 교인과 교인, 목회자와 평신도 지도자가 갈등한다. 특히 1세와 2세 간의 갈등이 심각하다. 1세들은 아무래도 모국 지향적이다. 일을 처리할 때도 감성적이고 희생적이다. 그에 반해 2세들은 논리적이고 자기 것에 대해 분명한 소유를 주장한다.

개인마다 갈등을 대처하는 방식도 가지각색이다. 어떤 교인은 침묵으로 일관하는가 하면, 어떤 교인은 교회를 뛰쳐나간다. 요즘 젊은이들은 교회에 충성하지 않는다. 조금만 마음에 들지 않으면 교회를 나간다. 그렇게 해서 생겨난 2세 교회들이 제법 많다.

교회 내의 수많은 갈등들을 어떻게 이겨 나갈 것인가? 중요한 도전 과제가 아닐 수 없다. 교회란 모름지기 섬김의 공동체다. 사도 바울은 빌립보 교인들을 향해 서로 종의 자세를 견지하라고 충고했다. 무릎을 꿇고 종의 마음으로 서로의 발을 씻어 주는 게 그리스도를 닮은 자세다. 교회에 갈등이 일어났을 때 크리스천이 할 수 있는 일은, 종의 자세로 서로를 섬기며 복음의 사역이라는 대명제 앞에 자신을 죽이는 수밖에는 없다. 감리교에서 금과옥조처럼 여기는 '본질적인 것에서는 일치를, 지엽적인 것에서는 관용을, 그리고 모든 것에서 사랑을' 따른다면 적지 않은 갈등 문제가 사라질 것이다.

억울함은 하나님께로

우리말에 '귀가 얇다'는 재미있는 말이 있다. 다른 사람의 말에 귀를 쫑긋 세우고 그 말에 따라 마음이 흔들리는 것을 말한다. 교회를 허무는 작은 여우 중 하나는 귀가 얇은 것이다. 쓸데없는 말에 귀를 기울이고 부정적인 말로 시험에 드는 교인들이 귀가 얇은 사람들이다.

귀는 인체의 신비 중에서도 가장 신비롭다. 귀의 가장 주된 기능은 소리를 듣는 것이다. 어떤 곳에서 소리가 나면 그 소리는 공기를 타고 귀에 닿게 된다. 귀를 자세히 보면 소리를 모으기 쉬운 구조로 되어 있다. 하나님의 오묘한 신비가 아닐 수 없다.

귀는 두 개다. 귀가 둘인 것은, 소리가 난 방향을 알려 주기 때문이다. 즉 귀가 둘이라서 스테레오로 들리는 것이다. 귀가 하나밖에 없다면 소리의 방향을 알 수 없다. 귀는 눈과 달리 24시간 열려 있다. 눈은 보기 싫으면 감으면 그만이지만 귀는 닫을 수가 없다. 그래서 귀는 세상에 난무하는 수많은 소리를 접수할 수밖에 없다.

교회만큼 많은 이야기가 흘러 다니는 곳도 없을 것이다. 문제는 그렇게 많은 이야기들 중에는 불필요한 소리가 많다는 것이다. 편견과 잘못된 정보, 중상모략, 비방이 그렇다. 더 큰 문제는 많은 사람들이 이런 도움이 안 되는 소리를 무시하지 못한다는 것이다. 귀가 얇은 사람들인 것이다.

한번은 어느 교인이 나한테 삐쳐 있기에 이유를 물으니, 헛소문을 듣고 나에 대해 오해하고 있었다. 그나마 이런 경우는 해명할 기회라도 있으니 다행이다. 그러나 대부분은 해명할 기회도 없이 잘못된 소문을 듣고 의심하고 오해하는 채로 지내야 한다.

나는 어느 때부턴가 오해가 생겼을 때 기도한다. '교인은 오해할 권리가 있다. 그렇지만 목회자는 변명할 기회도 없다. 오직 하나님만이 아신다'라는 자세로 하나님께 억울함을 토로하는 것이다.

　교회는 무수한 관계들이 교차하며 세워진다. 이때 관계는 하나님의 사랑 가운데 세워진 것으로 순수하고 깨끗해야 한다. 서로 인격적으로 존경하고 신뢰하는 관계여야 하는 것이다.

　신앙의 줏대, 인간관계의 줏대가 필요하다. 귀가 얇다면 두꺼워질 필요가 있다. 서로 믿고 신뢰하는 관계를 맺으려면 귀가 두꺼워야 한다. 귀가 두꺼운 사람은 언제나 한결같고 신실하다.

비판자를 조언자로

　리더는 비판받을 때 이를 잘 소화해야 한다. 비판을 들었을 때 흥분하고 감정적으로 대응한다면 리더로서 자질이 부족한 사람이다. 나도 초기에는 비판을 들으면 며칠 동안 잠도 못 자고 비판자에 대해 섭섭한 마음이 컸다. 그러느라 감정적인 소비가 많았다. 하지만 지금은 비판을 들었을 때 예전보다 훨씬 더 유연해지고 여유로워진 것 같다. 그리고 생래적으로 반골 기질을 가진 비판자와 진심 어린 비판을 하는 비판자를 분별하는 지혜가 생겼다.

　교회는 비판으로부터 자유로운 곳이 아니다. 늘 시끌벅적하다. 그런데 교회가 너무 조용한 것도 바람직하지는 않다. 동료 목사님들이나 후배 목회자들은 종종 "요즘은 교회가 너무 조용해서 불안하다"고 말한다. 비판이 없으면 오히려 위태로운 상태가 아닌지 의심해 보아야 한다.

보통 비판은 교회의 변화기에 찾아온다. 새로운 사역을 시작하거나, 건물을 짓거나, 새로운 교역자가 부임했을 때 비판의 소리가 들린다. 한국 교인들은 특히 변화에 대한 저항심리가 크다. 그래서 아무리 사소한 변화라도 비판의 소리가 따른다. 이때 리더는 이 비판이 과연 진정성이 있는지, 들을 만한지를 판단해야 한다. 사소한 비판은 무시할 수 있어야 한다. 그리고 기도하면서 인내해야 한다.

만일 중요한 비판이라고 판단된다면, 심사숙고하여 그 문제를 바로잡아야 한다. 생각이 신선하고 창의적인 교인의 충고는 리더로 하여금 반성하게 만들고 새겨들어 자신을 변화시키도록 이끈다. 그러므로 비판자의 유형에 따라 지혜롭게 대처하는 것이 필요하다.

어떤 비판자는 권위 자체를 싫어한다. 어떤 비판자는 심리가 불안한 나머지 비판한다. 이들은 열등의식이 심한 사람으로, 끊임없이 일어나는 내부적인 갈등으로 인해 문제를 일으키는 유형이다. 이런 사람들은 정서적으로 이미 갈등이 내재해 있으므로 그 독특한 심리 상태를 잘 파악해야 한다. 그러나 어떤 사람은 선한 생각을 가지고 정직하게 비판한다. 그들은 적이 아니고 리더의 지원자이며 목회의 충고자들이다.

비판자는 문제를 지적해서 자기의 권위를 세우고자 하지만 조언자는 상황을 개선시키기 위해 조언한다. 비판자를 잘 다루기 위해서는 비판자를 조언자로 만드는 지혜가 필요하다. 비판자에게 때때로 맹목적으로 비판하지 말고 거기에 따른 대안을 제시해 줄 것을 정중히 요청해 보라. 적지 않은 경우 비판자들은 대안이 부재하다. 그러나 대안을 정중하게 요구할 때 비판자들은 태도가 달라지게 마련이다.

비판자를 조언자로 만들 때 그들의 비판에 대해 논쟁하거나 방어적인 자세를 취해서는 안 된다. 그들의 쓰디쓴 충고에 감사하는 마음을 보여 주어야 한다. 그리고 비판만 하지 말고 건설적인 조언자가 되어 달라고 진심으로 부탁할 수 있어야 한다. 또 교회에는 건설적인 비판을 잘 흡수하는 제도적인 장치가 필요하다.

화해를 이루게 하라

리더는 좋든 싫든 교인들 간에 갈등이 일어났을 때 중재에 나서서 급한 불을 끄는 소방수 역할을 하게 마련이다. 특히 목회자는 타의든 자의든 교인 간의 분쟁에 휘말려 상처를 받거나 교인들의 미움과 증오의 표적이 될 수 있다. 교회를 대표하는 위치와 영적 권위 때문에 희생양이 될 수밖에 없는 것이다.

물론 목회자의 중재로 갈등의 당사자들이 더욱더 화목하게 지내고 영적으로도 건강해질 수 있다. 하지만 대개는 갈등을 중재하다가 오히려 십자포화를 맞을 가능성이 높다. 종종 갈등은 교회 지도자들 간에 일어나기도 한다. 이때 목회자는 어느 때보다 난감해진다. 목회자는 분쟁이나 갈등이 일어났을 때 어느 한쪽의 편을 들어선 안 된다. 싸우는 사람들은 반드시 목회자를 자기 편으로 끌어들이려고 애쓴다. 이때 목회자는 자신의 객관적인 위치를 그들에게 이해시켜야 한다.

목회자는 갈등을 해결하는 해결사가 아니다. 다만 갈등의 양상을 양쪽이 객관적으로 바라볼 수 있도록 돕는 사람이다. 진정한 화해는 당사자들이 주체가 되어 이뤄야 하는 것이다.

내 목회 경험에 비추어 볼 때, 문제와 갈등이 생겼을 때, 목회자가 개입하는 것은 현명하지 못한 처사다. 목회자는 교회를 대표하는 자리에 있기 때문에 그가 하는 한마디 한마디는 교회와 교인들에게 영향을 미치게 되어 있다. 그러므로 사소한 분쟁이라면 나서지 말고 그들 스스로 해결하도록 멀리서 기도해 주는 것이 좋다.

분쟁이나 갈등을 해결하는 가장 좋은 방법은 갈등의 당사자를 하나님의 말씀으로 초대하는 것이다. 성경은 분쟁과 갈등이 하나님의 마음을 아프게 한다고 곳곳에서 강조하고 있다. 원수를 핍박하지 말고 오히려 축복하라고 권고한다. 말씀이 그들 안에서 일하면 자연스럽게 화해 분위기가 조성된다.

한편, 하나님 나라의 선한 도구인 성만찬을 통해 화해할 수도 있다. 성만찬을 많이 하는 교회일수록 다툼과 분쟁이 적다고 한다. 회의가 난산이 되고 마음이 나누어지고 있다면 성만찬을 하면서 우리를 불러 주신 하나님께 감사해 보자. 분위기가 사뭇 숙연해지며 달라질 것이다.

특히 분쟁이 있던 교회나 갈라진 상처가 있는 교회에 부임하는 목회자는 치유 중심의 전략적 설교를 해야 한다. 요한일서와 마가복음에는 치유와 사랑을 위한 적절한 말씀들이 많다. 아픔과 상처가 많은 교회일수록 화해의 메시지를 선포해야 한다. 당장은 아니지만 시간이 흐르면서 응어리들이 풀려나고 분노가 가라앉게 될 것이다.

건강한 교회는 교인들이 서로 적극적으로 평화로운 관계를 맺는다. 화해를 이루는 일은 부르심을 받은 목회자와 모든 리더가 반드시 해야 할 사역이다.

어둠의 세력은 어떻게든지 화해를 이루지 못하도록 방해한다. 나는 그동안의 목회 경험을 통해 어둠의 세력이 주기적으로 준동한다는 것을 알았다. 불화가 일어났을 때는 무엇보다 예수님의 보혈과 성령의 능력에 의지해야 한다.

chapter 4

시대에 맞는
비전으로
목회 현장을 바꾸라

유연한 사고, 창의적인 목회를 하는 교회만이 살아남는다. 부흥하는 교회는 변화의 의지가 강하다. 시대의 흐름을 읽고 그것을 목양과 교회 사역에 반영하기를 두려워하지 않는다.

　리더는 하나님께서 주신 능력과 은사를 가지고 하나님의 백성들을 하나님의 목적에 따라 책임감을 가지고 이끌어 나가는 사람이다. 따라서 교회의 리더는 영적 권위에 가장 중요한 가치를 두어야 한다. 영적 권위란 말씀과 인격이 부여하는 권위다. 세속적인 리더와 달리 그 삶이 온전히 팔로워의 모범이 되어야 한다. 끊임없이 말씀과 기도의 자리로 나아가고 평생 배우는 자세를 견지하는 리더라면 그런 권위를 가질 수 있을 것이다.

교회마다 다양한 세대들이 혼재해 있다. 1세, 1.5세, 2세, 그리고 젊은 세대, 장년 세대, 실버 세대 등이다. 또 한국인, 중국인, 미국인 등 다양한 민족이 함께 산다. 그런 만큼 생각도 다양하고 라이프스타일도 각기 다르다. 이제 교회에는 이렇게 다양한 세대를 아우를 수 있는 리더가 필요하다.

요즘 젊은 세대들은 영적 권위가 있는 리더는 인정하지만 권위주의적인 리더는 거부한다. 영적 권위와 권위주의를 혼동해선 안 된다.

새로운 시대를 여는 교회는 이름뿐인 조직들은 과감히 없애고 실제로 가동되는 조직만 남겨서 거기에 에너지를 모아야 한다. 예배도 소그룹도 사역도 관행으로 해선 안 되고 창의적으로 개편해야 한다.

그러나 여전히 하나님의 살아 계심을 경험하는 교회여야 한다. 하나님의 살아 계심을 경험할 수 없는 교회는 인간적인 변죽만 울릴 뿐 변화가 일어나지 않는다. 오늘날에도 성장하고 부흥하는 교회들은 예배에서, 사역에서, 선교 현장에서 하나님의 살아 계심을 경험한다. 이를 통해 성도들은 변화하고 헌신의 삶으로 나아가게 된다.

새로운 시대를 여는 교회는 지역 사회의 선교를 중시한다. 우리는 흔히 선교 하면 나라 밖의 선교를 생각하는데, 이제 어느 사회든 이미 다문화, 다인종 사회가 되었다. 나라 안이든 밖이든 교회가 빗장을 열어젖히고 복음을 들고 나가 하나님의 백성으로 하나 되는 역사를 이뤄야 하는 선교지인 것이다.

목회란 마치 농사를 짓는 원리와 같다. 땀을 흘리고 수고하며 자기 토양에 맞는 종자를 뿌리고 거름을 주며 인내로 기다릴 때 시간이 흘러 소담스런 열매가 맺힌다. 다윗은 몸에 맞지 않는 갑옷과 칼을 던져 버리고 물맷돌만 가지고 골리앗에 대항해 승리를 거두었다. 남의 것이 아닌 내 것으로 승부할 필요가 있는 것이다.

목회 비전, 어떻게 세울 것인가?

교회는 매년 10월이면 신년 계획을 세우기 시작한다. 신년 계획의 가장 근간인 목회 비전은 어떻게 형성될까?

목회 비전은 목회 사역의 방향과 계획을 세우는 데 매우 중요하다. 목회 비전은 먼저 하나님이 주시는 꿈에서 시작된다. 그 꿈은 기도와 묵상 그리고 목회 현장을 통해 하나님이 구체적으로 주시는 그림이라 할 수 있다. 그리고 이 꿈은 결국 교회와 목회에 변화를 가져온다.

비전은 때때로 영적 안식을 누리는 시간에 찾아오기도 한다. 목회 현장이 아닌 선교지에 나갔을 때, 다른 교회를 방문했을 때,

혹은 깊은 산속에서 지나온 세월을 반추하고 있을 때 찾아온다. 한편, 역설적이게도 목회의 위기를 맞았을 때 찾아오기도 한다. 고통스런 위기 가운데서 하나님만 바라볼 때 비전이 손에 쥐어지는 것이다.

이렇게 볼 때 목회는 하나님과 깊은 교제 가운데서 탄력과 힘을 받게 되며 비전을 손에 쥐었을 때 새로운 물결로 나아가게 된다.

시간을 쪼개어 리더십과 관련된 성경 본문을 연구해 보는 것도 목회 비전을 세우는 좋은 방법 중 하나다. 사도행전과 에베소서에서 자신이 목회하는 교회에 주시는 하나님의 말씀을 들을 수 있으며, 교회를 통해 이뤄 가시는 하나님 나라를 만날 수 있다. 아울러 교회의 역사를 반추할 때 목회 비전을 다시금 새롭게 할 수 있다. 지난날 위기와 아픔이 왜 일어났으며 그것이 교회에 어떠한 영향을 미쳤는지를 질문해 보는 것이다. 또 교회 주변의 지역 사회가 어떻게 변화되고 있는지, 이 지역이 요구하는 필요가 무엇인지를 살펴보면서 목회 비전을 세울 수 있다.

> 너희 중의 누가 망대를 세우고자 할진대 자기의 가진 것이 준공하기까지에 족할는지 먼저 앉아 그 비용을 계산하지 아니하겠느냐 그렇게 아니하여 그 기초만 쌓고 능히 이루지 못하면 보는 자가 다 비웃어 이르되 이 사람이 공사를 시작하고

능히 이루지 못하였다 하리라 (눅 14:28-30)

성경은 계획의 중요성을 강조한다. 예수님은 무슨 일이든 실행에 옮기기 전에 꼼꼼히 따져 보는 것이 당연하다고 말씀하신다. 예루살렘 성벽을 중수한 느헤미야도 먼저 기도하고 신중하게 계획해서 사역을 시작했다. 명확하게 목표를 설정하고 이를 실행하기 위해 계획하는 것은 분명 유익한 일이다.

그러나 궁극적인 도움은 하나님께로부터 온다. 변화와 비전이 구체적인 계획으로 입안되기 위해서는 하나님의 주권과 성령의 인도하심이 필요하다. 나는 매해 한두 차례 조지아 북쪽 산장에서 영적 안식을 가지면서 하나님이 주시는 새로운 비전과 음성을 듣는다.

우리 교회는 매년 여름이면 당회원들과 함께 2박 3일간 비전 컨퍼런스를 갖는다. 지나간 한 해의 사역을 돌아보며 반성과 회고의 시간을 갖는 한편, 다가오는 새해에는 어떤 방향성을 가질 것인지를 모색하는 자리다. 아울러 지체끼리 교제를 나누며 친밀감을 도모하는 자리이기도 하다. 내게는 이 시간이 당회원들과 토론하고 기도하고 찬양하면서 하나님이 주시는 비전을 하나하나 명확하게 정리하는 시간이다.

직장이 곧 사역 현장임을 가르치라

많은 크리스천들이 사회생활과 교회생활의 괴리로 인해 고민하는 것 같다. 회식 자리에서의 술 문제, 주일성수 문제, 직업윤리 문제 등 고민도 다양하다. 나도 예전에 한국에서 직장생활할 때 술 문제 때문에 많이 갈등하고 번민한 적이 있다.

> 내가 비옵는 것은 그들을 세상에서 데려가시기를 위함이 아니요 다만 악에 빠지지 않게 보전하시기를 위함이니이다 (요 17:15)

이것이 우리가 지켜야 할 기본 원칙이다. 세상을 등한시해서도 안 되고 세상의 악과 손을 잡아서도 안 되는 것이다.

다니엘은 바벨론에 포로로 잡혀간 뒤 그 나라의 학문과 언어를 공부했다. 옷도 이름도 그 나라 식으로 바뀌었지만 그는 하나님의 백성이라는 정체성을 잃지 않기 위해 그 나름대로 마지노선을 정했다.

> 다니엘은 뜻을 정하여 왕의 음식과 그가 마시는 포도주로 자기를 더럽히지 아니하리라 하고 자기를 더럽히지 아니하도록 환관장에게 구하니 (단 1:8)

다니엘은 음식을 구별해서 먹는 것으로 자신의 정체성을 지켰다. 하필이면 왜 음식일까? 우상에게 바쳐진 것이었기 때문에 그 음식을 먹지 않음으로써 정체성을 지키고자 한 것이다.

술 문제도 마찬가지다. 예수님은 물을 포도주로 바꾼 가나안 혼인잔치에서 포도주를 마셨다. 바울은 디모데에게 병든 몸을 위하여 포도주를 조금씩 마시라고 말했다. 하지만 에베소서에서는 "술 취하지 말라 이는 방탕한 것이니"(엡 5:18)라고 했다. 잠언도 독주를 마시지 말라고 경고했다.

나는 술 자체가 악이 아니라 술자리가 갖는 문화가 악하다고 생각한다. 술을 마시다 보면 어느 순간 술이 사람을 마시는 단계에 이르게 된다. 한국에서는 간단히 식사와 곁들인 술자리가 나중에는 매춘을 하는 자리까지 이어지는 것을 종종 본다. 크리스천이라고 직장의 회식 자리를 거부할 수는 없다. 어떤 분은 오히려 회식 자리의 분위기를 띄우는 역할을 한다고 말한다. 그렇더라도 불신자들과 똑같이 대취해서 실수를 저질러선 안 된다. 그러면 불신자들은 단박에 "저 친구 나이롱이구먼" 하고 비웃는다.

우리 교회의 어느 장로님은 회식 자리에 참여하되 본격적으로 술자리가 시작되면 그때부터 철저히 절제한다고 한다. 이런 원칙을 고수했더니 나중에 "저 사람은 크리스천이야" 하면서 상사조차 술을 권하지 않게 되었다고 한다.

크리스천은 다니엘과 같은 원칙을 세울 필요가 있고, 원칙을 세웠으면 고수해야 한다.

또한 크리스천은 윤리의식이 철두철미해야 한다. 직업에 귀천은 없지만 윤리적인 직업과 그렇지 않은 직업은 있다. 성경적인 가치를 모토로 삼고, 그 원칙을 지키기 위해 최선을 다해야 한다. 비록 손해를 보더라도 말이다. 목회자는 술 문제나 윤리 문제로 고민하는 성도에게 실제적인 조언을 해줄 수 있어야 한다.

크리스천은 부패한 세상에서 정직을 고수하는 빛과 소금이 되어야 한다. 나 한 사람이 정직하다고 사회가 변하겠는가 하는가? 아니다. 나 한 사람이라도 정직하고 청렴하게 살겠다는 각오로 살아야 한다. 하나님은 그런 의인에게 복을 주신다. 그런 점에서 직장은 하나님 나라를 세우는 현장이다.

동역자와 함께 걸으라

나는 매주 화요일이면 교회 동역자들과 같이 존 맥스웰의 리더십 책을 읽고 이야기를 나눈다. 어느 주엔가 '연결의 힘'을 주제로 대화를 나누었다. 우리가 서로 연결되어 있지만 가장 중요한 것은 마음의 연결이라는 게 요지였다. 동역자들과 이 주제로 이야기를 나누면서 혹시 비전 성취에만 몰두해서 그들을 희생시키지는 않았는지 반성하게 되었다.

리더십의 가장 중요한 요소도 마음을 어루만지는 것이다. 특히 교회는 세상과 달리 경영자와 피고용인이 따로 있는 곳이 아니다. 상하 위계질서는 있을지언정 모두 친구이자 멘토가 되는 곳이다.

벌써 10년 이상 나와 같이 동역하는 동역자들이 있다. 그들은 진심으로 나의 사역을 이해해 주고 지원해 준다. 골치 아픈 일이 생기면 언제든 위로와 격려를 아끼지 않는다. 내 마음을 누구보다 잘 알다 보니 부담스러울 때도 가끔 있다. 또 심방 갈 때도 같이 다니다 보니 그 소중함에 대해 무덤덤해질 때도 있다. 하지만 그들처럼 고마운 사람은 내 인생에 없다.

나는 부교역자들이 교회에서 소모품이 되어서는 안 된다고 생각한다. 어떤 목회자는 일정 기간이 되면 부교역자들을 내보낸다고 한다. 하지만 사역을 하려면 사역자끼리 호흡이 잘 맞아야 한다. 그러려면 최소 3~5년은 함께해야 한다. 여기에 나의 부족을 메울 수 있는 동역자라면 더할 나위 없을 것이다. 환상적인 드림팀이 되는 것이다.

동역자들은 차세대 리더들이다. 그들이 리더로서 성장할 수 있도록 훈련하고 인도하는 것이 지금 나의 역할이 아닌가 한다. 그래서 때로 힘에 부치는 과제를 배정하는 것이 필요하다고 본다. 과제를 수행하는 과정에서 자신의 리더십의 한계를 깨닫게 되고 그럼으로써 한 단계 더 성장해 나갈 수 있기 때문이다. 한편, 동역자들이 과제를 수행했을 때 피드백과 코칭을 통해 한 걸음 더 성숙해지도록 이끄는 것이 담임목사인 내가 해야 할 역할이라고 생각한다.

우리 교회에서 사역하다가 다른 곳으로 떠난 동역자들도 있다. 그들과는 선교 현장에서 상봉해서 서로 멘토링을 해주거나 힘든 일이 있으면 위로하고 격려해 준다.

동역자는 진심으로 대해야 한다. 진심으로 대하지 않으면 누구든 금방 눈치 챈다. 담임목사가 동역자들을 진심으로 배려하고 존중할 때 리더십을 발휘할 수 있다. 동역자들은 그런 목회자를 진심으로 따르기 때문이다. 한편, 리더의 자리에 있을수록 겸손해야 한다. 담임목사가 자신의 잘못과 부족을 정직하게 인정할 때 동역이 제대로 이뤄지고 서로 성장하고 성숙할 수 있다.

나와 함께한 동역자들이 없었다면 나는 결코 지금의 성과를 이루지 못했을 것이다. 그들의 도움과 격려와 위로에 진심으로 감사한다. 그들도 나로 인해 그들의 사역을 해 나갈 수 있기를 바란다.

서로 섬기고 나누며 돕고 성장할 수 있다면 그보다 더 큰 동역의 기쁨이 어딨겠는가? 사역은 공동체의 산물이다. 교회 성장도 한 사람의 몫이 아닌 교인들과 모든 교역자들의 공동의 몫이다. 아울러 교회의 어려움과 아픔도 동역으로 나누어지면 훨씬 덜 고통스럽다.

목회적 타이밍을 놓치지 마라

돌이켜 보면 타이밍을 놓쳐 낭패를 본 일이 적지 않다. 바로 그 날 그 교우를 심방해 불필요한 오해를 풀었어야 했는데, 그때 바로 그 계획을 추진했어야 했는데… 등 타이밍을 놓치는 바람에 안타까운 일들이 참 많다.

탁월한 리더는 기회의 문이 열릴 때 어떤 방해물도 뚫고 그 문으로 돌진해 들어간다. 바울은 마게도니아 환상을 본 뒤 복음의 기회를 포착하고 유럽으로 나아갔다. 에스더는 모르드개의 충언을 듣고 죽으면 죽으리라는 각오로 왕에게 나아갔다.

그렇다면 우리는 왜 많은 기회를 놓치는 걸까?

무엇보다 실패에 대한 두려움 때문에 기회를 활용하지 못한다. 주변의 부정적인 판단에 마음이 기울어 기회를 놓치는 경우도 있다. 그래서 주변의 반응에 따라 마음이 흔들리는 사람이 리더가 되면 곤란하다. 또 이기적이고 게으르며 기도하지 않고 분별력이 없는 사람은 리더의 자리에 있으면 안 된다.

리더는 실패하더라도 소신을 가지고 자신의 비전을 밀어붙이는 뚝심이 있어야 한다. 또 리더는 부지런하며 기도에 힘쓰고 분별력이 탁월하며 용감하고 남을 배려할 수 있는 사람이어야 한다.

어떤 사람은 필요한 모든 것을 하나님이 알아서 제공해 준다고 말한다. 난센스다. 기도만 하면 하나님이 척척 해주신다는 착각에 빠진 리더는 위험하다. 실천 의지가 없으면 기회가 왔을 때 잡지 못한다. 과감히 몸을 던지지 못하기 때문이다. 과감하게 실천하지 않으면 리더십은 정체되고 만다.

하나님의 음성이 반복해서 들릴 때가 있다. 하나님은 우리가 그 일을 할 수 있도록 특정 장소, 특정 시간에 특정한 사람을 만나게 하신다. 영적 리더는 하나님의 인도하심을 분별할 수 있다. 하나님이 그리시는 큰 그림을 예리하게 통찰한다. 하나님을 따르는 자에게 우연이란 없다. 하나님은 적합한 상황, 적합한 때에 우리가 기회를 만들어 가기 원하신다.

에스더는 "이때를 위함이 아닌지 누가 알겠느냐"는 모르드개의 말을 듣고 하나님의 부르심에 순종했다. 에스더만큼 하나님의 인도하심을 예리하게 통찰해 인생을 던진 사람도 없을 것이다. 에스더는 인생에는 타이밍이 있음을 분명히 알았다. 그리고 그 타이밍을 타인을 위해 사용할 줄 알았던 진정한 리더였다. 탁월한 리더는 인생이든 목회든 모두가 하나님 손에 달려 있음을 깨닫고 나아간다.

리더가 가는 길에는 늘 위험이 도사리고 있다. 무슨 일을 하든 제대로 하려면 위험을 감수해야 한다. 위험을 위험으로 아는 것도 중요하고, 그럼에도 믿음과 용기로 나아가는 것도 중요하다. 지금은 위험천만해서 아무도 동조하지 않지만 시간을 견디면 그 길에서는 사람들이 하나둘 늘어나게 된다. 모르드개처럼 이것이 기회라고 꼭 집어 알려 주는 현인을 만나기도 한다.

새로운 시대에 맞는 새 부흥회

나는 어린 시절에 어머니의 손을 잡고 부흥회를 다니곤 했다. 당시 부흥회는 온 동네의 축제여서 어느 교회에서 부흥회가 열리면 이웃 교회에서 몰려왔다. 보통 일주일씩 열렸는데 낮에도 집회가 있었다.

그에 비하면 오늘날 부흥회는 교회의 축제조차 되지 못하는 형편이다. 연례행사처럼 부흥회를 하고 교인들은 아무런 기대감 없이 참석한다. 그나마도 해마다 참석하는 교인 수가 줄어든다. 초월적인 하나님의 임재도 경험할 수 없고 영적인 체험을 기대하는 교인도 없는 부흥회가 관례적으로 열리는 것이다.

부흥회는 어떻게 달라져야 할까?

지난날 한 시대를 풍미한 부흥회에는 교회의 갱신과 사회의 혁신이 나타났다. 존 웨슬리, 조지 화이트필드, 조나단 에드워즈 등은 개인의 죄에 대한 통렬한 고백을 이끌어 냈을 뿐만 아니라 사회의 부조리를 날카롭게 지적함으로써 사회를 변화시키기에 이르는 통전적 부흥회를 이끌었다.

시대는 바뀌었으나 인간이 안고 있는 문제는 여전히 동일하다. 죄와 죽음, 죄책감의 문제와 같은 동일한 과제로 씨름하고 있는 것이다. 아니 오히려 이전보다 더 은밀한 죄로 인해 고통스러워하고 있다. 따라서 오늘날에 걸맞은 부흥회란 결국 본질로 돌아가는 것이라고 할 수 있다.

오늘날 다양하게 제기되는 문제들을 창의적으로 접근해 나가는 부흥회가 필요하다. 예를 들어 여러 세대가 같이 참석하는 부흥회, 어떤 특정 주제를 심층적으로 다루는 전문 부흥회, 시대 흐름을 통찰하는 부흥회 등이다.

부흥회 강사는 목회적으로 검증된 사람을 세우면 좋겠다. 지역의 상황을 이해하고 대안을 제시할 수 있는 혜안을 가진 분이 강사로 세워지면 그 지역과 문화에 걸맞은 메시지를 던질 수 있다. 또 절대자 하나님을 체험하도록 해주는 깊은 영성의 강사라면 세상에서 얻을 수 없는 깊은 울림의 에너지를 공급해 줄 것이다.

내게는 영원히 잊을 수 없는 부흥회가 있다. 고 옥한흠 목사님을 강사로 모신 부흥회다. 그날은 불이 떨어지는 것처럼 뜨거웠다. 옥 목사님은 마치 당신의 교회인 듯 교인들을 통렬히 꾸짖었고 교화했다. 이 땅의 모든 부흥회가 하나님의 임재와 성령의 능력이 불같이 임하는 부흥회가 되기를 소원한다.

미래를 위해 패러다임을 바꾸라

매년 워싱턴 D. C.에서 열리는 한인교회 총회에 참석했다가 나는 더 이상 이대로는 안 된다는 위기감을 느꼈다. 목회 패러다임이 새롭게 변혁되지 않으면 안 되는 것이다.

이민교회는 이미 성장기를 지나 쇠퇴기에 접어들고 있다. 예전과 같은 부흥은 옛말이 되었다. 더구나 한인교회는 이미 노령화되어 평균 연령이 50대를 넘었다. 뿐만 아니라 동성결혼처럼 지난날에는 생각도 못한 세상 풍조가 세상의 패러다임을 급속하게 바꿔놓음에 따라 젊은 세대의 문화와 사고방식을 교회가 따라잡지 못하고 있다.

젊은이들을 신앙적으로 훈육하고 훈련할 수 없다면 교회는 이제 늙은이들만 다니는 그들만의 축제의 장이 되고 말 것이다.

그동안 이민교회에는 거품이 많았다. 교회마다 추구하던 건물지상주의는 경제 위기를 맞으면서 철퇴되었고, 각 교회 출석 통계도 부풀린 경향이 있다. 이제 물량주의와 전시행정주의는 용도 폐기되어야 한다. 형식주의, 보신주의, 계파주의도 사라져야 한다. 전통적인 목회 패러다임도 바뀌어야 하고 교회 구조도 수평적으로 변화되어야 한다. 당회 역시 젊은이들이 참여해서 그들의 의견이 반영되도록 해야 한다.

미래의 크리스천은 교파와 상관없이 자신의 영적 필요를 채워 주는 목양적인 교회를 찾게 될 것이다. 따라서 교회는 교파를 초월해 비전과 목회관이 잘 맞는 교회끼리 서로 교류하고 네트워크를 형성하는 새로운 운동을 벌이게 될 것이다. 이에 따라 교단의 중앙 집권주의는 사라지고 개교회 또는 노회 중심의 분권주의가 새로운 흐름이 될 것이다.

오래된 기성 교회들은 교회 내 정파 싸움이나 파벌 등으로 몰락하고 하나님의 비전과 목적으로 재무장한 교회들이 이 시대를 주도하게 될 것이다.

동사형 사역 구조로 바꾸라

목회를 하다 보면 때때로 기업 구조와 교회 구조를 비교하게 된다. 교회는 당연히 말씀과 성령이 역사하는 공동체여야 하지만, 그럼에도 세상 기업에서 배워야 할 것도 적지 않은 것 같다. 가령 교회 운영에 있어 경영 마인드가 필요하겠다는 생각을 한다. 교회는 주일을 중심으로 모이다 보니 사역의 사이클이 세상보다 훨씬 느리게 굴러간다. 또 교회 특유의 보수성 때문에 변화를 꾀하거나 새로운 계획을 실행하고자 할 때 매우 견고하게 꿈쩍하지 않을 때가 많다.

교회가 매년 목표를 계획하고 표어를 만들지만 대단히 추상적이어서 과연 실행 가능한지 의문이 들 때가 많다. '믿음으로 역사하는 교회', '하나님께 영광 돌리는 교회'처럼 문구 자체는 기대감을 주나 실제로 교인들을 사역 현장으로 끌어들이는 구인력은 없는 것이다.

오늘날 많은 교회들이 실질적이며 목양적인 교회 구조 대신 비생산적이고 비현실적인 구조를 가지고 애매모호한 과업을 설정해서 귀한 에너지만 낭비하고 있다. 율법적인 정죄와 지나친 교리 논쟁으로 교회의 생산성을 현저하게 떨어뜨리고 있다. 저 들판에 희어져 추수하기를 기다리는 수많은 영혼을 구원하는 일은 외면하고 지엽적이고 사소한 논쟁으로 소일하고 있으니 안타깝기 그지없다.

이제 교회는 동사형 사역 구조로 바뀌어야 한다. 동사형 사역 구조란, 목적지가 분명하고 그 목적지에 도달하기 위한 실질적인 목표와 실행이 구체적인 로드맵을 말한다. 이렇게 로드맵을 세운 뒤에는 실행 능력을 가진 교회로 변모해야 한다.

오늘날 성공하는 기업을 보면 무엇보다 실행력이 탁월하다. 목표한 바를 제대로 수행하고 있는가가 투명하고 공정하게 평가되고 피드백 되는 시스템이 발달해 있다. 또 매일같이 상대하는 고객들을 위해 최선의 서비스를 제공한다. 고객을 알고자 하는 노력을 게을리하지 않는다.

오늘날 왜 가나안 교인들이 늘어나고 있을까? 왜 교인들이 교회를 떠나는 것일까? 왜 젊은 사람들이 교회를 찾지 않는가? 어떻게 교인들이 다시 찾는 교회가 될 것인가?

지금 교회가 고민하고 해결을 위해 노력해야 하는 것들이다. 교회는 교인들의 고민이 무엇인지, 교회에서 해소하고 싶은 목마름이 무엇인지를 알아야 한다. 그런 다음 그들의 요구를 채워 주기 위해 노력해야 한다.

교회의 사역 구조나 교역자, 평신도 리더들의 마인드가 동사형 구조가 되어야 한다. 내가 1년에 전도해야 하는 숫자는 몇 명이어야 하는가, 매주 적어도 몇 명의 교인들에게 전화 심방을 하고 가정 방문을 할 것인가, 모든 계획을 동사로 쪼개고 동사로 계획해서 실천하는 생산적인 구조가 필요하다.

이런 동사형 사고방식은 교회를 지속적으로 변혁하는 기초가 된다. 그럴 때 교회는 추상이 아니라 경험적인 교회가 된다. 교회도 경쟁력을 가져야 하는 것이다.

새로운 시대를 여는 교회는
예배도 소그룹도 사역도 관행으로 해선 안 되고
창의적으로 개편해야 한다.
오늘날 성장하고 부흥하는 교회들은
예배에서, 사역에서, 선교 현장에서
하나님의 살아 계심을 경험한다.
이를 통해 성도들은 변화하고
헌신의 삶으로 나아가게 된다.

Part 2

뿌리 깊은
리더는
흔들리지 않는다

chapter 1

하나님은
위기를 통해
리더를 성장시키신다

예수님의 영적 리더십

어느 날 요한복음 7~8장을 읽으면서 눈이 번쩍 뜨이는 영적 리더십의 원리들을 속속 발견하고 숨이 막히는 듯한 영감이 솟구쳤다. 평소에도 리더십에 관한 책들을 많이 읽지만 성경에서 이처럼 영적 리더십의 핵심을 집중적으로 증언하고 있다니 놀라웠다.

예수님이 보여 주신 영적 리더십은 모든 크리스천 리더들이 본받고 연구해야 할 리더십이다. 그분의 삶은 인간의 통상적인 경험을 뛰어넘으며 그분의 자의식은 심오하다. 예수님의 리더십은 오늘날 우리가 지향하는 세속적인 리더십과는 전혀 다르다. 요한복음에 나타난 그분의 리더십 유형을 연구하고 묵상하며 원리화하여 우리 삶에 적용해야 한다.

흔히 우리는 예수님이 자의적으로 비전을 수립하고 구체적인 계획을 세웠다고 생각한다. 하지만 요한복음 7~8장은 예수님이 결코 자신의 계획을 스스로 세우거나 비전을 내세우지 않았다고 증언하고 있다. 오히려 예수님은 오로지 하나님 아버지의 뜻만 구하셨다고 증언한다. 그리고 그분이 추구하는 모든 계획과 비전은 아버지께로부터 왔음을 거듭 강조한다. 그러니까 예수님의 리더십은 그분의 자의에서 나온 것이 아니라 하나님 아버지의 뜻을 향한 절대적인 순종에서 나왔다. 예수님은 자신의 모든 사역을 하나님과의 관계성에서 끊임없이 파악하고 선포하셨다. 이것은 크리스천 리더들에게 리더십의 중요한 원리를 제공한다.

그렇다! 예수님의 리더십은 한마디로 '아버지와의 관계'였다.

예수님은 사람들의 의견에 휩쓸려 하나님께 받은 사명에서 벗어난 적도 없고 오로지 초지일관 하나님의 경륜에 따라 사역을 이뤄 가셨다.

리더는 스스로 꿈을 꾸고 그 꿈을 이루기 위해 분주하게 뛰어다니는 사람이 아니다. 하나님은 그 어떤 것보다 우리가 하나님과의 관계에 최선을 다하기를 원하신다. 하나님과 친밀하게 교제하고 동행하면서 하나님의 계획을 깨달아 이뤄 가기를 원하신다.

따라서 영적 리더십의 출발은 하나님과의 관계에 있다. 바쁠수록, 더 많은 일을 할수록 그분과 교제하기를 힘쓰고 즐거워해야 한다. 영적 리더가 하나님을 떠나 자기 힘과 자기 생각으로 하는 모든 것은 위험하고 악하다.

우리는 종종 중대한 결정을 내려야 할 때가 있다. 이때는 먼저 하나님의 뜻을 깨달을 때까지 기도하며 하나님의 경륜을 구해야 한다. 절대로 서둘러선 안 된다.

어쩐지 수동적이고 힘이 없는 것 같은가? 일면 그렇다. 나의 의지와 노력을 내려놓고 하나님께 온전히 매달린다는 점에서 영적 리더는 수동적이다. 그러나 일면 그렇지 않다. 예수님은 절대로 수동적이지 않았고 힘없는 리더도 아니었다. 예수님은 오히려 언제 어디서든 가르치고 치유하고 회복하기를 힘쓰셨다.

사실 우리가 사업을 하든, 가족 간에 중대한 결정을 내리든, 하나님께 기도하는 가운데 하나님이 들려주시는 계시적인 음성을 듣고 결정을 내리는 것이 훨씬 현명하고 좋은 결과를 얻는다. 하물며 하나님의 백성을 목양하는 리더들이라면 더욱더 하나님의 음성에 귀 기울이고 그분의 뜻을 좇기를 힘써야 한다.

하지만 많은 리더들이 매우 중대한 사안임에도 감정에 치우쳐 즉흥적으로 결정하는 것을 본다. 참으로 안타까운 일이다. 하나님의 자녀된 우리는 누구든지 먼저 하나님의 뜻을 구하고 믿음으로 승리할 수 있어야 한다.

나의 목회 위기, 이렇게 극복했다!

내가 목회하고 있는 아틀란타연합장로교회는 사실 목회하기 쉬운 사역지는 아니었다. 교회에 분쟁이 끊이지 않았으며 교회가 갈라지고 목회자와 평신도 리더들에 대한 교인들의 불신도 심각했다. 그랬던 교회이지만 위기를 극복할 수 있었던 몇 가지 중요한 계기와 변화의 전환점이 있었다.

첫째, 목양적인 교회로 체질을 변화시켰다. 교회의 몇몇 가정이 모여 서로 사랑하고 교제하고 마음을 털어놓고 기도하고, 진정한 관계지향적인 공동체로 바뀌게 되었는데, 이것이 전환점이 되었다. 목회자가 눈물로 기도하고 교인들을 치열하게 훈련시키는 가운데 교회의 토양이 바뀌었다. 많은 교회들이 그런 것처럼 정죄하고 비난하는 분위기에서 점점 사랑하고 이해하는 분위기로 바뀌어 나갔다. 교회 공동체 리더들이 섬기고 헌신하는 목양적인 리더십을 교회의 본질적인 리더십으로 정착시키면서 교회 안팎에 많은 변화가 일어났다.

우리 교회는 절기 예배나 특별 예배 때 교인들이 나와서 간증을 한다. 그때 간증자는 복음으로 인해 변화된 이야기를 나누는데, 성도들은 간증을 듣고 복음이 하나님의 능력임을 깨닫게 된다. 그리고 복음으로 인간이 변화될 수 있다는 확고한 믿음을 갖는다. 전통적인 교회들은 종종 매너리즘과 관습에 빠져서 변화하기 쉽지 않다. 그러나 복음의 역동성을 살려 진정한 공동체 중심의 목회를 하면 교회에 변화가 찾아온다.

아울러 목양적인 정신을 가진 교인들이 리더가 되어 교회를 이끌어 가기 시작했다. 예전에는 성경적인 가치관이 아닌 세상적인 가치관을 가진 사람들이 교회를 이끌어 가면서 교회에 파행이 생기고 분쟁이 일어났다. 그런 세상적인 관행들이 점점 사라지면서 교회를 정치의 장으로 생각하는 사람들은 새롭게 변화하는 분위기에 적응하지 못하고 교회를 떠났다.

그런 과정에서 고통도 있었다. 몇 번의 큰 어려움도 있었다. 그런데 공동의회에서 전 교인들에게 교회가 나아가야 할 방향에 대해 진솔하고 정직하게 설명했다. 몇 년 전에도 교회에 문제가 있었다. 그때 나를 비난하고 험담하는 분들이 연판장을 돌리는가 하면 블랙 메일이 나돌기도 했다. 심지어는 애틀랜타 지역의 대표적인 교회가 싸움이 났다는 소식을 듣고 지역 기자들이 오기도 했다. 그러나 공동의회에서 진실을 이야기하고 교인들에게 비전을 제시하니 교인들이 모두 공감하고 이해해 주었고 교회의 문제도 자연히 해결되었다.

목회를 하다 보면 몇 번의 위기가 온다. 이는 진정한 하나님의 공동체가 되기 위한 피치 못할 진통이다. 성장에는 반드시 위기와 진통의 과정이 뒤따르게 마련이다. 그런 과도기적인 시간이 없었다면 오늘날 우리 교회는 이렇게 성장하지 못했을 것이다.

둘째, 우리 교회는 선교적인 교회로 분명한 방향을 가지고 일관되게 나아갔다. 교회의 정체성을 선교에 둔 것이다. 1년에 150~200명의 교인들이 단기선교를 나간다. 성도들이 선교를 위해 훈련받고 기도하고 영적으로 준비하다 보니 서로 싸울 시간이 없다. 그러면서 하나님의 비전과 목적으로 교회가 거듭나게 되었다.

셋째, 목회자는 위기의 전문가가 되어야 한다. 위기란 파도처럼 계속 몰려온다. 목회자의 위기 관리는 목회 리더십의 중요한 관건이다. 한 나라의 최고 지도자인 대통령도 위기 때에 리더십이 시험대에 올라간다. 그러므로 리더는 위기를 잘 극복해야 한다. 그렇지 않으면 공동체를 극심한 어려움으로 몰고 간다. 교회도 마찬가지다. 교회에 어려움과 분쟁과 위기가 생겼을 때 목회자가 교회를 어떻게 하나님이 주시는 영적 리더십으로 잘 이끌어 가는가가 교회를 살리는 중요한 관건이다.

과거 분쟁이 있던 교회는 영적인 교회관이 잘 서 있지 못해서 유사한 분쟁들이 빈번하게 일어나는 것을 볼 수 있다. 많은 교회들이 이러한 문제로 어려움을 당하고 있다. 어떤 목회자는 당회에 들어갈 때 청심환을 먹고 들어간다는 말도 들은 적이 있다. 실제로 우리 교단의 어느 교회는 당회를 하다가 장로 한 분이 너무 화가 나서 총을 뽑아들고 모두를 죽이겠다고 위협하기도 했다고 한다. 그래서 그 교회는 다음부터는 회의할 때 손을 책상 위에 올려놓고 하자고 제안했다고 한다. 웃지 못할 해프닝이 아닐 수 없다.

교회에는 힘이라는 것이 존재한다. 그러나 그 힘은 나뉘고 순환되어야 한다. 목사가 너무 강한 리더십을 발휘해서도 안 되고, 장로가 힘을 휘둘러서도 안 된다. 그러므로 목회자들은 철저한 자기 마음 관리가 필요하다.

내게도 그런 위기가 있었다. 당회가 나뉘고 당회원들 일부는 나와의 관계가 소원해졌다. 교회에서 문제가 생기면 목사는 늘 억울한 마음이 든다. 나도 그랬다. "하나님, 교회가 조금씩 살아나서 앞으로 나아가려 하는데 왜 이런 부정적인 일이 일어납니까?" 하고 하나님께 하소연했다. 그러나 이러한 현상은 교회가 빨리 성장할 때 나타나는 자연스러운 진통이다. 교회가 빨리 성장하면 기존의 힘을 가진 평신도 리더들이 그것에 저항하려 든다. 이것은 자연스러운 것으로 누가 옳고 그르다 할 수 없다. 그러므로 담임목사는 늘 마음을 비워야 한다.

나도 위기의 시간에 하나님 앞에서 기도를 많이 했다. 일부 교인들이 젊은 목사가 와서 몇 년이나 버티고 떠나나 보자는 식으로 나와서 더 괴로웠다. 마음 같아선 교인들을 찾아다니며 변명도 하고 싶었다. 하지만 하나님께서 입을 다물고 하나님만 바라보라고 재차 말씀하셔서 아내와 밤낮 철야기도를 하면서 하나님께 부르짖고 간구했다.

교회에 분쟁이 생기면 목사는 교인들에게 사정을 이야기하기가 힘들다. 신앙이 얕은 교인들은 시험에 들고, 신앙의 연륜이 있는 교인들은 사탄이 역사한다고 성토하기 때문이다.

우리 교회도 부목사 청빙 문제로 주일에 공동의회를 열었다. 전날 토요일에 마지막으로 간절히 기도하는데 내 마음에 평강과 기쁨이 찾아왔다. 나는 이런 기도를 드렸다.

"제가 이 교회에서 사임을 해야 할지도 모르겠습니다. 이 교회를 떠나더라도 제 인생을 하나님께 드리겠습니다. 주님, 앞으로 저의 미래는 불투명하지만 하나님 임재의 기쁨이 더 큽니다. 하나님께 제 목회도 제 인생도 맡기겠습니다."

주일에 교인의 90퍼센트가 참가한 가운데 공동의회를 하는데 참으로 놀라운 일이 생겼다. 싸움이 날 수 있는 공동의회였지만, 교인들 사이에서 젊은 목사가 와서 열심히 목회를 하는데 소신 있게 하도록 도와주어야 한다는 발언들이 계속 나왔다. 그런 발언이 나올 때마다 교인들이 박수를 치고 지지해 주었다. 결국 그로 인해 공동의회가 즐거운 축제가 되었고 분쟁이 아름답게 해결되었다. 만약 공동의회에서 싸움하고 고함 지르고 했다면 현재 우리 교회가 어떻게 되었겠는가?

많은 위기를 통해 깨달은 사실은, 교회 분쟁과 위기는 하나님이 해결해 주실 때 후유증 없이 끝난다는 것이다. 만약 내가 인위적으로 해결하려 했다면 교회는 진작에 분열되었을 것이다. 하나님이 분쟁을 해결해 주시고 나서야 나는 교회 시스템을 구조 조정하고 새로운 변화의 시대를 열어 갈 수 있었다.

먼저, 싸움이 잦은 제직회를 1년에 두 번만 하기로 했다. 상반기에는 6개월간 교회에서 일어난 일을 하나님 앞에서 감사하는 축복의 제직회를 열었다. 12월에 열리는 하반기 제직회에는 장로님들이 수고한 집사님들을 위해 음식을 만들어 만찬을 베풀었다. 이때 장로님들은 나비넥타이를 매고 서빙을 하며 집사님들을 섬겼다. 이렇게 장로님들이 섬기는 리더십을 보이니까 교인들도 그들을 신뢰하게 되었고 교회 분위기도 한층 밝아졌다.

당회에도 혁신의 바람이 불었다. 홀수 달은 정책당회로 모였는데, 여기서는 당회원들만 모여 교회의 장기적인 방향, 펀드레이징(Fundraising)과 같은 큰 그림과 비전에 대해 이야기를 나누었다. 짝수 달은 한마디로 커뮤니케이션의 흐름을 강화시키는 모임으로 집사회의 임원들과 각 위원회 임원들이 교역자들과 함께 실천 의제를 나누었다. 일종의 실행 당회로서 교회가 무엇을 하는지 알리고 나누는 시간인 것이다.

당회가 끝나면 즉각 이메일로 당회록을 당회원들에게 보내 검토하라고 했다. 교회를 건축할 때도 수천 통의 이메일을 통해 소통과 결정 과정을 신속하고 효율적으로 실행해 나갔다.

위기를 통해 깨달은 것은 교회에 위기가 왔을 때 기도하고 교인들이 한마음으로 문제를 해결하면 하나님이 복을 주신다는 것이다. 그리고 위기를 하나님이 원하시는 믿음의 방식으로 극복하면 해결된다는 것이다.

교회가 어려웠을 때 사임을 할 위기에 놓이기도 했다. 그때 하나님의 뜻을 묻지 않고 나갔다면 오늘의 교회는 없었을 것이다. 말씀이 나를 붙잡았고, 하나님의 위로가 나를 일으켜 세웠다. 나는 나와 심하게 갈등을 한 사람도 같이 교회 생활을 하자고 권면했다. "할 수 있거든 너희로서는 모든 사람과 더불어 화목하라"(롬 12:18)는 바울의 권면은 진실로 가치 있었다.

어느 장로님이 병이 났는데 나에게 심방을 와달라고 요청했다. 한때 교회 일로 마음에 상처를 받아 관계가 소원해진 분이었다. 뜻밖의 요청이었으나 나는 전심으로 그분의 치유를 위해 기도했다. 기도 후 장로님이 우시면서 "목사님을 괴롭힌 것을 진심으로 회개합니다" 했다. 나도 마음에 감동이 왔다. 장로님을 붙잡고 눈물을 흘리며 "저도 잘못했습니다" 하고 사과했다. 교회에 어려움이 있을 때 큰형님뻘 되는 장로님에게 "어떻게 이럴 수 있습니까!"라고 소리를 질렀던 내 잘못을 고백한 것이다. 극적으로 화해하며 깨달은 게 있다. 목회는 덕치(德治)다. 목사가 덕으로 장로들을 품어야 한다. 그렇지 않으면 교회에 분쟁이 생긴다.

분쟁 중인 어느 교회의 목사가 나에게 멘토링을 구하기에 나는 절대로 당회원들과 원수 관계가 되지 말라고 당부했다. 그러나 그 목사님은 당회와 화해하지 못했고, 교회에 분쟁이 생겨 결국 사임하고 말았다. 결국 장로교회는 당회에서 결판을 내야 한다. 목사가 장로들과 화해하고 껴안을 때 분쟁이 사라지고 평화가 찾아온다.

목회자는 사역의 열매나 외적인 성공보다는 하나님과의 관계에 집중해야 한다. 그것이 훨씬 중요하다. 하나님과의 관계보다 성공을 지향한다면 교회에 위기가 온다. 목회자 자신도 교회 성장에 매달리면 감당 못하고 병을 얻게 된다.

교회의 부흥과 성장은 하나님의 은혜에 달렸다. 목회자는 그저 하나님께 맡기고 자기가 어떻게 해보려는 욕심을 버려야 한다. 또 목회자는 이중적인 모습을 경계해야 한다. 겉으로는 거룩한데 속으로는 그렇지 못한 경우, 윤리관이 무너지고 성적으로 타락할 수 있으며 세상적인 욕망에 빠지기 쉽기 때문이다.

목회자는 위기 관리를 건강하게 해야 한다. 위기를 만났을 때 진심으로 하나님 앞에 무릎 꿇고 나갈 수 있다면 그 위기는 오히려 기회가 된다. 목회의 위기를 은혜로 극복하고 나면 그 후부터 길이 열린다.

이제는 교회의 양적인 성장이 아니라 교인 한 사람 한 사람을 건강한 예수님의 제자로 양육해야 할 때다. 그럴 때 교회가 건강해지고 하나님께 영광을 돌릴 수 있다.

하나님은 반드시 훈련시키신다

풀러신학교의 클린턴 교수는 크리스천 리더십을 연구한 저명한 학자다. 그는 한 개인의 리더십이 사회적으로 주목을 받는다면, 그에게는 이미 하나님의 리더십 훈련이 있었다고 말한다. 그는 하나님의 리더십 훈련은 평생에 걸친 훈련이라고 한다. 또 하나님의 리더십 훈련은 크게 삶을 변화시키는 영적 형성과 사역의 지경을 넓히는 사역적 형성으로 나눌 수 있다고 한다.

나의 지난 목회를 회고해 보아도 하나님의 리더십 훈련은 이 두 가지 방향에서 진행되었다.

하지만 나는 하나님의 리더십 훈련 중 가장 중요한 것이 하나님과의 올바른 관계를 통한 말씀의 순종이라고 생각한다. 앨빈 토플러(Alvin Toffler)는 그의 저서 《권력의 이동》에서 세상 사람들의 권력은 강제력, 경제력, 정보력의 순서로 발달되었다고 본다. 그러나 성경은 하나님 나라에서 권위는 섬김에 있다고 강조한다. 섬김이란 당장 눈앞에 보이는 이익과 손실에 좌우되지 않고 주님을 의지하면서 한 걸음 한 걸음 더 멀리 보며 나아가는 것이다. 성경이 가르치는 리더십은 세상의 것과 본질적으로 전혀 다른 것이다.

많은 목회자들이 교회의 부흥에 목을 매는 것을 본다. 그러나 세월이 지나고 보니 교회는 어느 때는 빠른 속도로 부흥되기도 하고 어느 때는 성장이 지연되기도 한다. 어느 때는 몇 년째 답보 상태일 때도 있다. 어느 때든지 주님의 섭리를 기다리며 인내하면 뜻밖의 시간에 놀라운 부흥이 임하게 된다.

그러므로 목회자는 어느 주기에 있든지 그 때문에 너무 들떠서도 안 되고 스트레스를 받아서도 안 된다. 그저 목회 철학을 일관되게 밀고 나가면서 하나님 보시기에 아름답게 목회하면 된다. 사람을 기쁘게 하는 목회가 아니라 하나님을 기쁘시게 하는 목회를 할 때 하나님은 하나님의 때에 은혜를 주신다.

주님은 교회의 외적 성장에 별로 관심이 없으시다. 우리의 성숙, 리더십의 성숙에 관심이 지극하시다. 그러므로 교회가 어떤 상황이든지 주님만 의지하며 성숙하기를 힘쓸 때 하나님의 시간에 하나님의 뜻이 이루어진다.

교회 성장이 답보 상태라고 해서, 원하는 부흥이 임하지 않는다고 해서 내 힘으로 이루어 보려 한다면 목회는 더 곤란에 빠지게 될 것이다. 여리고 성을 앞에 두고 하나님의 뜻에 순종해서 그 많은 백성이 묵묵히 그 성을 며칠째 돌기만 했을 때 성이 무너졌던 것을 생각해 보라. 이스라엘 백성이 한 일이라곤 순종한 것밖에 없다. 리더십의 최고 수준은 순종이다. 내 힘으로 어떻게 해보려는 것은 교만이다.

목회를 하다 보면 불같은 환난이 찾아오기도 한다. 뿌리치기 어려운 달콤한 유혹이 찾아오기도 한다. 차라리 때려치울까, 교회를 분리해 버릴까 하며 화가 나기도 한다. 나는 그때마다 주 안에서 인내하기를 힘썼다. 주님을 의지해 정도를 걷고자 했다. 그러면 하나님의 때에 전화위복되는 은혜를 주셨다. 그런 은혜를 여러 번 경험했다. 나는 가끔 그때 만일 내가 하고 싶은 대로 했다면 어땠을까 생각해 본다. 적어도 그런 은혜를 누리지는 못했을 것이다.

하나님은 힘든 시간을 통해 우리의 리더십을 훈련시키신다. 하나님은 우리가 영적 리더십, 은사, 능력을 올바로 행했을 때 거기에 합당한 보상을 하시는 분이다. 그러므로 영적 리더가 되고 싶다면 영원의 차원에서 자신의 리더십을 평가하고 그 리더십이 더욱 성숙한 단계로 나아가도록 힘써야 한다.

태도의 힘

"당신의 태도가 모든 것을 결정한다"(Your attitude is everything).

신학교 졸업식에서 총장님이 한 졸업 연설이다. 나는 이 말을 목회하는 동안 되새기고 있다.

아무리 똑똑하고 실력이 출중한 사람이라도 인생의 태도가 올바르지 못하면 성공하기 어렵다. 비록 출중한 실력은 없어도 매사에 긍정적이고 적극적인 사람은 이미 절반의 성공을 거둔 셈이다. 미국 야구계 인사인 요기 베라(Yogi Berra)는 "인생은 야구와 비슷하다. 95퍼센트가 정신적인 태도이며 나머지 5퍼센트가 육체적인 것이다"라고 말했다.

나의 태도가 나를 흥하게 할 수도 있고 망하게 할 수도 있다. 나의 태도가 나를 치유할 수도 있고 병들게 할 수도 있다. 나의 태도가 상대를 친구로 만들 수도 있고 적으로 만들 수도 있다.

나는 교인들에게 앓는 소리 하지 말라고 당부한다. 내가 실패했다고 말하는 순간부터 내 인생을 실패로 향하도록 만들기 때문이다. 우리는 긍정의 사람, 믿음의 사람이 되기를 힘써야 한다.

> 무엇에든지 참되며 무엇에든지 경건하며 무엇에든지 옳으며 무엇에든지 정결하며 무엇에든지 사랑 받을 만하며 무엇에든지 칭찬 받을 만하며 무슨 덕이 있든지 무슨 기림이 있든지 이것들을 생각하라 (빌 4:8)

최근 한국에서는 성폭행범이 기승을 부리는 모양이다. 그런데 그들의 특징을 보면, 첫째, 오랜 시간 PC방에서 산다는 것이다. 둘째, 저질 포르노 영상을 탐닉한다는 것이다. 셋째, 술독에 빠져 산다는 것이다. 하루 종일 보고 느끼고 생각하는 것이 파괴적이고 폭력적이고 음란하다 보니 술에 취하면 생각한 것을 실천에 옮기게 되는 것이다.

천박한 정보에 오랜 시간 노출되면 그것이 삶이 되고 태도가 되어 버린다. 세상은 앞으로도 더 자극적이고 현란한 것으로 우리를 유혹할 것이다. 그럴수록 문명의 폐해는 더 심각해질 것이다. 승리하는 삶을 살고 싶다면 다방면에서 바른 태도를 가지려 노력해야 한다.

하나님의 자녀는 하나님의 말씀과 진리를 깊이 묵상하는 훈련이 필요하다. 하나님의 말씀은 길이요 생명이며, 혼탁해진 우리의 마음을 정결하게 하고, 유혹에 흔들리는 마음을 강인하게 해준다. 사도 바울은 빌립보 감옥에서 말씀을 묵상하고 찬송을 불렀다. 불순한 것, 하찮은 것, 지엽적인 것에 매달리지 않고 하나님 나라와 그분의 역사를 묵상하며 생각의 힘, 태도의 힘을 키우기를 힘쓴 것이다. 우리의 마음은 우리의 생각과 태도가 발전하는 만큼 평온해진다. 지하 감옥에서도 하나님을 찬양한 바울의 평온이 그런 것이었다.

실패가 아니라 성숙에 주목하라

저명한 칼럼니스트이자 상담가인 앤 랜더스(Ann Landers)가 독자들에게 가장 많이 받는 질문은 이것이다.

"내가 도대체 무엇이 잘못되었습니까?"

나는 이 질문을 보고 세상 사람들이 붙들고 씨름하는 것이 실패감이라는 생각을 했다. 그런데 실패감을 붙들고 씨름하다 보면 자신에 대해 불신감이 생긴다고 한다.

어느 한 가지를 실패했다고 해서 인생 자체가 실패한 것은 아니다. 그런데 많은 사람들은 하나의 실패를 인생의 실패로 받아들인다.

지난 목회 생활에서 실패해서 괴로워하는 교인들을 많이 만났다. 그들은 내가 이 실패가 곧 인생의 실패가 아니라고 누누이 강조해서 말해도 좀처럼 그 실패감에서 벗어나지 못했다. 그런데 개중에는 실패를 발판 삼아 진일보하는 교인들도 있었다. 그들의 모습은 그 자체로 감동이었다.

성공하는 사람은 실패했더라도 그것을 인생의 실패로 간주하지 않는다. 오히려 실패를 성숙을 위한 도약으로 삼는다.

나는 중학교를 재수해서 들어갔다. 그때 내가 실패자 같아서 너무 고통스러웠다. 같이 초등학교를 졸업한 친구들은 교복을 입고 등하교를 하는데 나는 사복을 입고 재수학원을 다녀야 했으니 어린 마음에 그것이 너무나 부끄럽고 창피했다. 그래서 또래 친구들을 만나고 싶지 않아 교회에도 가지 않았다. 상처가 꽤 컸다. 목회를 하는 중에도 그런 경험을 했다. 그때도 상처가 컸다. 만일 그때 실패는 누구나 겪는 자연스러운 것이라고 조언해 줬다면 좀 더 빨리 회복했을 텐데 하는 아쉬움이 있다.

성공과 실패는 인생의 종착지가 아니다. 성공과 실패는 인생 여정에서 만나는 것 중 하나다. 누구도 마지막 숨을 거두기까지는, 아니 그때도 여전히 그 사람의 인생을 두고 실패나 성공을 말할 수 없다. 인생은 역사성 속에서 평가받아야 한다. 그러니 어떤 인생도 서둘러 평가할 게 못 된다.

저명한 경영학 교수인 리사 에이머스(Lisa Amos)는 사업을 성공적으로 이끌어 가려면 평균 3.8번의 실패를 경험해야 한다고 조언한다. 성공하는 사람들은 세 걸음 전진하고 두 걸음 후퇴하는 것을 전진으로 수용한다.

많은 사람들이 실패를 적으로 간주하여 일단 전염병처럼 피하고 본다. 하지만 실패는 성공을 위한 역경일 뿐이다. 사람들은 실패를 뒤집을 수 없다고 생각한다. "젖소를 잃어버리지 않는 한 우유를 얼마나 쏟았는가는 문제가 되지 않는다"는 미국 격언도 있듯이 인생 전체를 놓고 실패를 바라보는 시각이 필요하다.

내가 궁핍하므로 말하는 것이 아니니라 어떠한 형편에든지
나는 자족하기를 배웠노니 (빌 4:11)

나는 이 말씀을 읽을 때마다 힘이 솟는다. 바울이 자신의 인생을 어떻게 바라봤는지를 알 수 있는 말씀이다. 바울은 당장의 슬픔과 괴로움과 고통에 함몰되지 않았다. 그는 자기 인생을 거시적으로 바라보고 해석할 줄 알았다.

요즘 주변에서 실패하는 사람들의 이야기를 자주 듣는다. 사업에 실패한 사람, 신앙에 실패한 사람, 자녀 양육에 실패한 사람, 부부관계에 실패한 사람…. 그러나 이 실패는 종착지가 아니라 과정일 뿐이다. 실패를 실패로 여기지 않으려면 이것이 뒤집을 수 없이 영원하다는 두려움부터 떨쳐버려야 한다.

고통은 창조적 기회의 관문이다

사람들은 치열하게 산다. 이민자들의 삶은 더욱 그러하다. 오랫동안 익숙한 삶의 둥지를 뿌리째 뽑아 새로운 곳으로 이식한 충격적인 모험의 여정은 쉬운 것이 아니다. 그래서 이민 목회는 무엇보다 고통당하는 이민자들에게 이 고통이 품은 진정한 뜻을 알려주는 것이어야 한다. 이민자들이 고통 속에서 하나님의 뜻을 발견

하도록 도와야 하는 것이다.

지난여름 좋은 책 한 권을 접했다. 폴 투르니에(Paul Tournier)의 《고통보다 깊은》이라는 책이다. 저명한 기독 상담가 폴 투르니에는 이 책에서 자신의 얘기를 담담히 털어놓고 있다. 그는 불우한 고아 출신으로 양부모를 만나고 학교 선생님과 아내를 만나서 역경을 이겨낼 수 있었다. 절망의 골짜기에서 힘을 내어 일어설 수 있었던 것은 주변 사람들이 보여 준 뜨거운 사랑 때문이었다.

사랑은 어떤 절망에서도 다시 일어서는 용기가 되어 준다. 사랑은 극심한 고통도 이기게 해준다. 장기적인 경제 불황으로 많은 사람들이 고통을 받는 지금도 가장 필요한 것은 사랑이다. 교회가 그 사랑의 진원지가 되어야 한다.

폴 투르니에는 소위 '인격 의학'이라는 새로운 분야를 개척한 의사이자 상담가다. '인격 의학'은 환자들의 아픔을 진심으로 경청하고 기도하고 치유하는 방법이다. 기능적인 치료가 아니라 마음을 어루만지고 사랑으로 감싸는 인격적인 치료인 것이다. 그리고 그 결과는 놀라웠다. 불치병과 난치병으로 고생하던 환자들이 인격 의학으로 극적으로 치유되는 결과를 얻은 것이다. 그는 하나님의 사랑이 이처럼 크고 놀랍다고 증언한다.

폴 투르니에가 이 같은 의학적 통찰력을 갖게 된 것은 그 역시 고통의 시간을 통과했기 때문이다. 그래서 그는 고통과 창조성이 상관관계에 있다고 말한다. 사람들은 시련을 당하면 창조성이 발현되고 그로 인해 성장하고 성숙해진다는 것이다. 그런데 인생의 성숙은 고통 때문이 아니라 그 시련 앞에서 적극적으로 반응하는 생의 자세 때문이다.

많은 사람들이 경제적 어려움과 신분 문제, 미래에 대한 불안감, 자녀양육 문제 등으로 고통스러워한다. 이때 어떤 사람들은 그 고통을 잊기 위해 마약과 술 같은 중독에 빠진다. 인생을 파괴하는 방식으로 돌파구를 찾는 것이다. 그러나 어떤 사람은 고통 중에 오히려 하나님을 만나고 하나님을 의지해 고통의 문제를 해결해 나간다.

나는 이민 목회를 하면서 고통을 창조성으로 극복한 사례를 헤아릴 수 없이 많이 알고 있다. 그들은 모두 불같은 시련을 하나님의 은혜로 뚫고 나온 창조의 인생을 살았다.

지금 극심한 시련으로 고통스러운가? 그 고통과 직면하라. 그 고통을 신앙으로 이겨 내라. 하나님은 그 고통을 창조적 기회로 바꿔 주시는 전능한 분이시다.

chapter 2

새 시대에 맞는
리더십을
개발하라

감성을 읽어라

좋은 리더는 사람들의 마음을 잘 읽는다. 또한 열정에 불을 붙이고 잠재력을 최대한으로 끌어올린다. 이를 두고 감성적 리더십이라고 한다. 감성은 때로 지적인 능력보다 더 강력한 힘을 발휘한다.

교회에서도 어떤 리더는 적대감과 반발심을 일으키는가 하면 어떤 리더는 희망과 감동을 일으킨다. 가정에서도 어떤 부모는 자녀의 마음에 분노를 일으키고 어떤 부모는 순종을 일으킨다.

우리 교회는 한때 셀 사역을 위한 공동체 리더를 세우면서 공동체 구성원들이 자신의 리더를 직접 선정하도록 한 적이 있다. 이때 나는 리더의 자질로서 감성지수가 얼마나 중요한지를 알았다.

사람들은 기꺼이 감성지수가 높은 리더를 따르고자 했던 것이다.

감성지수가 높은 리더는 구성원이 즐겁고 자발적으로 섬기도록 만든다. 그런 그룹은 공동체 전체의 감성지수가 높기 때문에 팀원 간의 결속력도 높고 창의성도 뛰어나다. 여기에 리더가 공동체 구성원을 위해 날마다 기도할 때 리더와 공동체의 감성지수가 급한 상승곡선을 그리게 된다.

감성지수가 높은 리더는 사람들의 감정을 잘 읽을 줄 알고 그 감정을 긍정적으로 이끈다. 리더가 공감을 잘해 주면 그룹원들의 눈빛이 달라지고 자발적으로 협력하게 된다.

다툼이 심한 교회나 공동체를 보면 감성적인 공감이 이뤄지지 않는 것을 발견한다. 사람들 간에 불협화음이 일어나면 거슬려서 견디기 힘들어한다. 그러니 당연히 결속력이 떨어지고 협력하고픈 마음도 찾아보기 힘들어진다.

리더의 분석적이며 인지적인 사고 능력도 중요하다. 하지만 감성 능력이 결여된 인지 능력은 불협화음을 일으키기 쉽다. 리더는 자신의 비전을 실현하는 과정에서 사람들에게 동기를 부여하고 그들을 이끌고 격려하며 그들의 정서에 눈과 귀를 기울일 수 있어야 한다.

직관을 개발하라

요즘 경영에서 직관의 리더십이 새롭게 조명받고 있다. 기업 경영에서 과학적이며 체계적이고 심사숙고하는 리더십도 필요하지만, 때로 순간적이며 신속한 결정을 내리는 직관적 리더십도 필요하다. 직관적인 리더는 상황을 순식간에 파악하여 그에 따른 해법을 제시하는 기민성을 가지고 있다.

출애굽기에 나오는 이드로의 리더십이 그랬다. 그는 모세가 일하는 모습을 보고 나서 즉각 모세에게 리더십을 바꾸라고 조언했다. 직관의 리더십이 아닐 수 없다.

직관적인 리더는 따로 컨설턴트를 고용하거나 위원회를 구성할 필요도 없이 문제의 본질을 한숨에 꿰뚫어 해결을 시도한다. 그런데 이렇게 신속하고 정확한 직관은 그냥 주어지는 것이 아니라 수많은 훈련과 시행착오의 결과다.

느헤미야는 무너진 예루살렘 성벽을 보고 자신이 무엇을 해야 할지를 간파했다. 바로의 꿈을 해석한 요셉도 장기 가뭄을 어떻게 준비할지 신속하게 판단했다.

사실 직관은 리더십의 원리 중 가장 설명하기 힘들다. 직관을 사전에서 찾아보면 '추론이나 논리 과정이 전혀 개입되지 않은 진실이나 사실에 대한 직접적인 이해'라고 설명하고 있다. 한마디로 정리하면 즉각적인 이해, 신속한 통찰력을 의미한다. 사고 과정을 포착하기 어려울 정도로 신속한 결정을 말한다.

직관적인 리더는 시대정신을 정확하게 읽는다. 현 시대를 읽는 통찰력이 날카롭다. 공동체가 어디로 가야 할지 잘 안다. 직관은 과연 하루가 다르게 변하는 현대 사회가 요구할 만한 덕목이다. 충분히 분석하고 검토하고 회의하는 사이에 세상은 이미 또 다른 세상을 향해 달려가고 있으니 말이다.

그렇다면 어떻게 직관을 가질 수 있을까?

물론 타고난 사람도 있다. 그러나 대부분의 사람들은 훈련으로 함양된다. 특히 리더는 기도와 말씀 그리고 하나님과의 교제를 통해서 직관의 리더십을 개발시킬 수 있다. 모세는 이드로의 조언을 받아들이고 직관의 리더십을 연마했다. 그 결과 그의 리더십은 어느 날부터 새로운 차원으로 접어들었다.

직관의 리더십을 스스로 개발할 수도 있다. 우선 유명한 리더들의 삶을 그린 책을 읽는 방법이 있다. 애플사의 스티브 잡스나 스타벅스의 하워드 슐츠는 직관적 리더십의 대가들이다. 이들은 여론이나 과학적인 분석보다 자기 내면에서 들리는 통찰력에 더 의존했다.

한편, 시행착오를 겪으면서 직관을 개발할 수 있다. 그러려면 실패를 두려워해선 안 된다. 이 실패가 도약의 발판이 될 것이기 때문이다.

시편 기자는 이렇게 기도했다. "여호와여… 내가 주의 계명들을 믿었사오니 좋은 명철과 지식을 내게 가르치소서"(시 119:65-66). 우리도 같은 기도를 드릴 수 있다. "하나님이여, 제 리더십의 능력을 키우고 제 직관을 날마다 다듬어 주십시오."

자기만의 독특한 리더십을 가지라

나는 하나님의 은혜로 미주 전역을 다니면서 목회 리더십을 강의하고 또 좋은 목사님들과 다양한 교제를 나누는 기회를 적지 않게 누릴 수 있었다. 그러면서 개인마다 목회 리더십이 다르다는 것을 알았다. 하나님 나라의 은사들이 다양하듯이 목회자의 리더십도 다 달랐다. 리더의 영향력이 큰 것은 그가 받은 은사가 강력하기 때문이기도 하지만, 그의 리더십이 상황에 적절했기 때문이기도 하다. 그러므로 자기만의 리더십의 발견과 개발이 필요하다.

어떤 목회자는 강력한 비전형 리더십을 가지고 있다. 사람들을 하나의 비전으로 모으고 그 비전을 향해 꿈을 꾸게 하고 그 비전으로 교인들 간에 공감하게 하고 마침내 사역하게 만드는 것이다. 시카고 윌로우크릭 교회의 빌 하이벨스(Bill Hybels) 목사가 바로 비전형 리더다.

관리형 리더십도 있다. 꼼꼼하게 교회 일을 챙기고 행정적으로나 교회법적으로 교회 체제를 잘 정리해 나가는 유형이다. 이 유형은 모든 것을 질서 정연하게 잘 정리한다. 비전형 리더십이 일을 벌인다면 관리형 리더십은 벌린 일을 체계화하고 마무리 짓는다. 비전형과 관리형이 팀을 이뤄 사역하면 환상의 팀워크를 자랑하게 될 것이다.

전략형 리더십도 있다. 비전이 수립되면 구체적이고 장기적인 계획과 전략을 세우는 리더십이다. 참모형 리더십이라 할 수 있다. 교회 내 모든 공동체와 사역팀을 비전을 따라 사역하도록 전략적으로 입안하고 네트워크하는 은사가 탁월하다.

돌봄형 리더십이 있다. 교인들을 끊임없이 심방하고 위로하고 격려하는 유형이다. 인내를 가지고 그들의 말을 들어 주고 성실하게 문제를 상담해 준다. 가정의 대소사까지 돌보고 성원한다. 내가 아는 어떤 목사는 수첩에 매일 심방할 가정들이 빽빽이 적혀 있다. 이민교회 교인들은 특별히 양육받고 사랑받고자 하는 열망이 크기 때문에 이런 리더십이 필요하다.

이외에도 많은 리더십이 있다. 그런데 중요한 것은 나의 은사를 살펴보고 어떤 리더십을 개발할 것인가를 결정하는 것이다. 이미 리더십이 개발되어 있다면 자신의 리더십을 정확하게 진단해야 한다. 그런 다음 자신의 부족한 부분을 어떻게 다른 리더십 유형의 리더에게 도움을 받아 보완할 것인가를 살펴야 한다. 서로의 약점을 보완하는 팀 리더십으로 목회한다면 환상적인 드림팀을 이루게 될 것이다.

사실 목회자에게는 모든 유형의 리더십이 필요하다. 하지만 그건 불가능할 것이다. 따라서 강력한 리더십을 갖고 싶다면 자신의 연약한 면을 다양한 리더십 유형으로 보강해야 한다. 또 다양한 리더십을 적재적소에 배치해 사역해야 한다. 이렇게 다양한 리더십이 적절하게 조화를 이룬다면 교회는 엄청난 시너지를 발휘하게 될 것이다.

정체기 혹은 침체기에 접어든 교회들이 각자 목회 리더십의 장점을 살려 보완적으로 목회한다면 교회에 새로운 돌파구가 마련될 것이다.

교회는 영적 리더를 세우는 인큐베이터다

교회를 방문해 집회나 리더십 훈련을 하다 보면 체계적인 리더십 훈련이 가장 아쉽다. 많은 교회들이 리더가 없다고 한탄하거나 사람이 없어서 일을 제대로 못한다고 안타까워하는데, 내 생각에 실질적인 문제는 체계적인 리더십 훈련이 부재하기 때문이라고 본다. 그리고 여기에는 리더십 개발에 대한 의지 부족을 지적하지 않을 수 없다.

과연 개교회가 리더십 개발을 중요한 가치로 설정하고 있는가? 리더십 개발이 중요한 이유는 그것이 교회의 정체성을 결정하기 때문이다.

교회는 영적 리더를 길러 내는 인큐베이터가 되어야 한다. 사실 처음부터 완벽한 리더란 없다. 부족한 교인들, 부족한 제직들, 부족한 목회자들이 오랜 세월 훈련받으면서 리더로 세워지는 것이다. 그러기 위해서 교회는 부족한 사람들이 서로를 섬길 수 있도록 사역의 권한을 이양하는 풍토를 만들어야 하고, 가능한 한 팀으로 사역하는 분위기를 만들어야 한다.

어느 교회는 새해가 되면 리더십 세미나를 열고 앞서 수고한 제직들이 새로 임명된 제직들에게 리더십의 바통을 넘겨주는 세리모니를 갖는다고 한다. 이 바통에는 선배 제직들의 신뢰와 성원도 포함되어 있다.

나도 매년 목회자 세미나에서 후배 목회자들에게 리더십의 바통을 넘겨 주는 리더가 되라고 요청한다. 우리 교회에 처음 부임했을 때 평신도였던 사람들이 이제는 장로가 되고 선교사가 되고 교역자가 되어 유능한 리더십을 발휘하는 것을 보면 감격스럽다.

리더십을 세워 가는 교회는 굳이 외부에서 사람을 초청하지 않는다. 내부에 이미 인재풀이 형성되어 있으니 그들 중에 필요한 사역을 맡기면 되기 때문이다. 교회 안에서 성장하고 성숙해진 리더는 교회 밖에서 성장한 리더보다 더 강력한 리더십을 사역에서 발휘하게 된다. 더구나 그들은 오랜 세월 함께 지내면서 인격과 성품이 검증된 사람들이다.

이와 함께 한 교회의 좋은 리더가 되기 위해서는 다양한 분야를 섭렵해야 한다. 따라서 리더는 평생교육 차원에서 사역 현장에 나가서 배우고 학습하고 토론해서 익히는 자세를 견지해야 한다.

만일 교회가 교인을 이렇게 전인적인 리더로 세워 갈 수 있다면 그 교회는 영적 리더를 길러 내는 인큐베이터 역할을 충실히 수행하고 있는 것이다.

내면의 동기를 점검하라

리더가 때때로 스스로에게 던져야 할 가장 중요한 질문은 '왜 내가 이 사역을 하고자 하는가'이다. 즉 사역의 내면적이며 근본적인 동기를 묻는 것이다. 바른 사역의 동기, 바른 내면의 동기가 중요하다.

기업의 경우, CEO는 기업의 수익을 발생시키기 위해 일한다. 학자라면 학문적으로 뛰어난 업적을 이루는 것이 목표다. 우리가 수시로 내리는 크고 작은 결정들은 내면의 동기의 영향을 받는다.

'왜 사람들이 특정한 방식으로 반응할까?'에 대한 해답은 사람들의 내면의 동기에 달려 있다.

내면의 동기는 리더십에 있어 본질적인 핵심 가치다. 교인이나 공동체 구성원들은 리더의 잘못된 내면의 동기들을 뒤늦게 깨닫고 실망하여 더 이상 그 리더를 따르지 않기로 결심하기도 한다. 그때 공동체에 위기가 오고, 갈등이 커진다.

"그 사람의 진정한 동기는 그의 야망이었어."

"나는 더 이상 그런 사람을 신뢰할 수 없어."

많은 사람들이 누군가에게 실망해서 이런 말을 한다. 그의 내면의 동기에 실망한 것이다. 그의 내면의 동기가 깨끗하지 못하고 불순하다는 것이다. 최근 한국교회에서 드러나는 갈등의 근원에는 이 문제가 도사리고 있다.

리더는 스스로 자신이 어떠한 내면의 동기로 일하려는가를 살펴야 한다. 모든 영적 리더십은 섬기는 리더십이다. 어떤 직분이나 위치를 획득한 뒤 자신에게 권위가 주어졌다고 생각해서 목이 뻣뻣해지는 리더들이 있다. 장로가 되면 걸음걸이가 달라지고 자세가 경직되는 사람도 있다. 벌써 그 내면의 동기가 섬김에서 교만으로 바뀐 것이다. 처음 임직할 때만 해도 겸손하던 목회자가 어느 순간부터 교만해지는 것도 내면의 동기가 바뀐 것이다.

이렇듯 리더의 잘못된 내면의 동기는 교인들에게 실망과 상처를 안겨 준다. 이것이 지속되면 그의 리더십은 사람들에게 외면받을 수밖에 없다.

리더의 내면의 동기는 더 많이 섬기는 데 있어야 한다. 종의 마음으로 기꺼이 섬기려 할 때 사람들은 그에게 순복하게 된다. 오히려 대접받고자 하고 상석에 앉고자 할 때 리더십은 발휘되지 못하고 외면받게 된다.

리더들이 갖는 잘못된 사역 동기로 강제적인 의무감이 있다. 사역에서 의무감을 갖는 것은 좋은 일이나 강제로 의무감을 갖는 것은 리더십을 소진하게 만든다.

한국교회는 유교의 영향 때문인지 체면치레 사역이 많은 것 같다. 진정한 기쁨과 열정도 없으면서 장로니까, 권사니까, 목사니까 하는 사역이 있다는 얘기다. 이렇게 사역을 하면 금방 지친다. 체면치레로 사역에 동참하는 사람들은 타인의 시선을 지나치게 의식하고 혹 실패하면 어쩌나 하는 두려움이 많다.

리더라도 얼마든지 연약하고 부족하다는 것을 스스로 인정할 필요가 있다. 리더는 하나님의 사랑과 용서로 자기 자신을 있는 모습 그대로 받아들이고자 하는 영적인 소탈함이 필요하다.

진정한 헌신은 의무감에서 벗어나 오직 성령의 기쁨 안에서 사역하는 것이다. 하나님의 사랑과 은혜 안에서 안식할 수 있고, 영적 여유를 즐길 수 있을 때 우리의 사역은 부드러워지고, 거기서 기쁨을 누릴 수 있게 된다.

하나님의 나라는 먹는 것과 마시는 것이 아니요 오직 성령 안에 있는 의와 평강과 희락이라 (롬 14:17)

리더는 관계성의 전문가다

리더십은 기본적으로 사람과 관계하는 일이다. 따라서 리더는 관계를 잘 이해하고 관계를 잘 세워 나가는 전문가가 되어야 한다. 많은 리더들이 업무 중심의 리더십은 잘 훈련되어 있는데 관계 중심의 리더십은 훈련이 안 되어 실패하는 것을 본다. 교회 내에서도 신앙생활과 기도 생활은 잘하는데 인간관계에서 어려움을 겪는 리더들이 있다.

신학교 다닐 때, 신학과 교회 역사, 히브리어와 헬라어와 같은 분야에서는 좋은 교수들이 많았다. 하지만 목회 현장에서 부딪히고 씨름하는 가장 원초적인 과제인 리더십이나 관계 갈등 같은 실천적인 분야에서는 유능한 교수를 찾아보기 힘들었다.

오랜 목회 경험을 통해 목회자에게 가장 중요한 훈련 중 하나가 인간관계의 훈련, 관계성을 세워 나가는 훈련이라는 사실을 알았다. 이것이 그 분야에서 유능하기가 쉽지 않은 이유다. 실제로 많은 목회자들이 설교는 유능한데 인간관계에서는 무능해서 고통을 겪는다.

리더는 공동체 내의 다른 부서, 위원회, 다른 사역자들, 새 교우들과 끊임없이 관계를 맺어야 한다. 이들 중에는 사회생활에서 터득한 노하우로 이미 관계성에서 전문가가 된 사람들도 있다. 하지만 대부분은 훈련이 많이 필요하다.

리더로서 사람들과 좋은 관계를 맺고 유지해 나가려면 어떻게 해야 할까?

무엇보다 누구든지 실존적으로 이해하려는 자세가 필요하다. 좋은 리더는 사람을 '대중'으로 대하는 법이 없다. 한 사람 한 사람을 고유한 인격을 가진 존재로 대한다. 그래서 각 사람의 눈높이에 기꺼이 자신의 눈을 맞추고 그 사람만의 독자성을 인정한다. 사람들은 섬세한 감수성으로 대인관계를 맺는 리더를 기꺼이 따르게 되어 있다.

구역장, 선교회 회장, 소그룹 성경 공부 인도자들이 평소에 자기 그룹원들을 이런 자세로 섬긴다면, 그는 그룹원들에게 지지를 받을 수밖에 없다.

바울에게는 그의 사역을 후원하는 믿음의 동지들이 많았다. 바울이 적극적인 계획을 세워 많은 사람들과 영적·정신적으로 교제한 까닭이다. 바울은 단지 일 중심의 리더가 아니라 관계 중심의 리더였던 것이다.

우리가 하는 모든 사역의 목표는 바로 사람이다. 사람을 만나지 않고, 사람을 대면하지 않고는 결코 영적인 리더십이 성숙해질 수 없다. 하나님과 깊은 관계를 맺는 것도 게을리해선 안 되지만 사람들과 관계를 맺고 유지하는 일에도 게을러선 안 된다.

사람들과의 관계성, 친밀성을 강화할수록 리더는 더욱 강력한 리더십을 발휘하게 된다. 사람들이 진심으로 그 리더를 돕고 후원하기 때문이다. 하지만 리더십을 갖기 위한 목적으로 관계성을 강화했다면 그 리더십은 오래가지 못한다. 반면에 그가 받은 하나님의 사랑과 긍휼로써 사람들을 섬길 때 그의 리더십은 성숙해지고 더 많은 지지를 받게 된다.

리더여, 천천히 오래 달려라

이민교회는 대체로 장기 목회가 힘들다. 그런데도 나는 20년간 한 교회를 섬겼다. 한 교회를 오래 섬기는 일이 힘든 일인 줄 알기에 더더욱 감사하다.

목사가 각오할 세 가지가 있다. 첫째는 굶을 각오를 하라, 둘째는 언제든지 그 교회를 떠날 각오를 하라, 셋째는 순교자적 심정으로 목회할 각오를 하라이다. 그러나 둘째 항목인 언제든지 그 교회를 떠날 각오를 하라는 말은 현실적으로 지혜로운 자세는 아니라고 본다. 물론 목회자가 잘못을 저질러서 책임을 지고 교회를 떠나는 것은 어쩔 수 없는 일이다. 하지만 목회자가 자주 교회를 옮기는 것은 성도들과 그 교회에 유익하지 않다.

목회자가 교회를 보다 생산적으로 이끌어 가려면 적어도 10년 이상 걸린다. 그때부터 목회자는 확고한 목회 철학을 가지고 교회에 적절한 목회 계획을 소신 있게 추진해 나갈 수 있기 때문이다.

장기 목회를 하려면 마라톤처럼 뛰어야 한다. 마라토너들은 끝까지 완주하려면 에너지를 잘 배분하고 관리하라고 조언한다. 마라톤을 뛰다 보면 고비가 주기적으로 찾아오기 때문이다.

목회도 마찬가지다. 목회를 하다 보면 주기적으로 위기가 찾아온다. 이때 목회자는 조용히 침잠하며 하나님이 주신 사명과 비전을 다시 확인하고 회복하는 시간을 가져야 한다. 목회자가 회복될 때 교회는 다시 뛸 수 있다.

은퇴를 앞두었다면 교회 사역을 잘 마무리하고 교회에 덕을 끼치는 은퇴를 계획해야 한다. 마라톤 선수가 결승점에 도달할 때까지 오버하지 않고 자기 페이스를 유지하는 것이 중요한 것처럼, 목회도 은퇴까지 아름답게 마무리해야 한다. 이런 목회자를 둔 교회는 이를 계기로 다시 한 번 도약하게 된다.

새롭게 사고하라

혁신을 이루는 출발점은 나 자신이다. 그중에서도 생각에 변혁이 일어나야 한다. 생각을 바꾼다는 것이 얼마나 중요한지 모른다.

많은 사람들이 문제가 생기면 남을 탓하기에 바쁘다. 사회와 환경 탓으로 돌리기도 한다. 목회자들도 교회에 문제가 생기면 교인 탓을 하고 교회 위치 탓을 하고 건물 탓을 한다. 그러다 자신을 자학한다.

하지만 정작 중요한 생각의 변혁은 생각도 않는다. 그저 시간이 흐르면 해결될 것이라 기대할 뿐이다. 세월은 생각을 바꿔 주지 않는다. 나의 성품과 인격도 바꿔 주지 않는다. 그러나 생각에 변혁이 일어나면 성품도 인격도 바뀌고 문제도 해결된다.

자기개발 전문가 존 맥스웰은 그의 책《생각의 법칙 10+1》에서 "정신적으로 건강하지 못한 사람은 대체로 사고하는 방법을 배우지 못했을 뿐만 아니라 평생 추구해야 할 마음의 성장이라는 목표가 없다"고 했다. 굳은 마음으로 세상을 살아가는 것이다.

생각이 바뀌면 환경은 변하지 않지만 상황이 달라진다. 생각이 바뀌면 믿음에도 변화가 온다.

나는 한때 다른 목회자들과 비교하며 열등감에 사로잡히고 절망한 적이 있다. 그런 내게 어느 날 하나님이 찾아오셔서 내 생각에 문제가 있음을 지적하셨다. 그때부터 나는 리더십 개발 세미나에 참석하고 수백 권의 리더십 관련 책을 읽으면서 내 생각을 바꾸고 리더십을 개발하기 위해 고군분투했다. 목회에서 실패하거나 시행착오가 생기면 간절히 기도하는 가운데 반성하고 성령의 임재와 능력을 간구했다.

변화는 아주 더뎠지만 변화되고 있다는 것만은 분명히 알 수 있었다. 때로 너무 부진해서 탄식하기도 했지만, 어쨌든 의도적이며 의식적으로 생각을 바꾸기 위해 모든 변화의 씨앗과 실마리에 나 자신을 개방시켜 놓았다. 기존의 성향과 생각에서 잘못된 점이 발견되면 힘써 교정했다.

이렇게 한 것은 생각을 바꾸는 것이 내게 할 수 있는 최선의 투자라고 생각했기 때문이다.

지금도 나는 집회를 가거나 세미나를 인도할 때면 지난날 써 놓은 원고를 수없이 교정한다. 그러면서 설교 스타일을 바꿔 본다. 나보다 우월한 리더를 발견하면 그의 장점을 벤치마킹한다.

그렇게 시간이 흐르자 내 생각에 발전이 거듭 일어났음을 나 자신도 알아보게 되었다. 생각이 바뀌자 믿음에 변화가 일어나고 나의 태도와 행동도 달라졌다. 그리고 어느 날부턴가 나는 내게 일어난 생각의 혁신을 사람들과 나눠야겠다고 생각했다. 그러자 하나님은 더 많은 곳에서 더 많은 리더들을 만나게 하셨다. 하나님의 마음이 우리의 생각이 혁신되는 데 있음을 알 수 있었다.

발전은 늘 새로운 변화를 요구한다. 새로운 생각이 이러한 변화를 다음 단계로 이끌어 간다. 마음 하나 바꿨을 뿐인데 그것이 강력한 영향력을 갖게 한다. 하지만 내 생각을 과감하게 혁신해야 마음 하나가 바뀌게 된다.

신유목민 시대 선교지는 바로 여기

최근에 한국에서 글로벌 디아스포라 담임목회자들과 10년 이상 선교하고 있는 시니어 선교사 120여 명이 모여 한민족 글로벌 디아스포라 선교대회를 가졌다. 전 세계에 흩어진 한인 디아스포라 교회는 약 6천 개에 달한다. 그리고 한국교회와 전 세계에 파송된 한인 선교사는 약 2만 명에 이른다. 이 한인교회와 한인 선교사들이 한데 어울려 복음 사역을 효율적으로 해 나간다면 한민족을 통한 세계 복음화가 역동적이게 될 것이다.

현대는 신유목민 시대에 접어들고 있다. 현재 전 세계에 흩어져 사는 디아스포라 인구는 약 2억 5천 명에 달한다. UN 보고서는 이 같은 디아스포라 현상이 앞으로 새로운 시대의 트렌드가 될 것으로 보고 있다.

최근 한국뿐 아니라 세계 여러 곳에서 우리 교회를 방문하고 있다. 이는 한국인이 전 세계에 흩어져 살고 있다는 얘기이기도 하다. 프랑스 최고의 석학 자크 아탈리(Jacques Attali)는 그의 저서 《호모 노마드 유목하는 인간》에서 향후 50년 이내에 전 세계 10억 인구가 자기가 태어난 나라가 아닌 다른 나라에서 살게 될 것이라고 예측했다. 세계는 바야흐로 국경이 없는 지구촌 시대를 지향하고 있다. 오늘날 민족과 국가의 대이동이 가속화되고 있는 것을 보면 그의 예측이 틀린 것은 아닌 것 같다.

최근 한국을 방문했을 때 깜짝 놀랄 만한 통계 보고서를 접했다. 한국에 사는 외국인 이주자가 154만 명에 달한다는 내용이었다. 2025년경에는 그 수가 500만 명에 달할 것으로 예견하기도 했다. 이는 한국 인구의 10퍼센트가 넘는 수다.

그중에 상당수는 선교사가 들어가기 어려운 나라의 사람들이다. 지난날에는 선교하기조차 어려웠던 현지인들이 한국에 속속 들어와 거주하고 있는 것이다. 선교의 새로운 어장이 아닐 수 없다. 내가 사는 애틀랜타에도 수많은 난민들이 클락스빌이라는 동네에 거주하고 있다. 그들의 필요를 채우는 동시에 복음을 이들에게 전한다면 새로운 선교의 시대를 열어 갈 수 있다. 또 이들이 복음으로 변화되어 훗날 자신의 모국으로 돌아간다면 얼마나 훌륭한 미래의 선교사가 될 것인가. 상상만 해도 흥분되는 일이다.

또 다른 의미 있는 통계는, 과거 주로 유럽과 미국으로 한국인이 이주한 것에 비해, 최근 10년간은 70~80퍼센트가 아시아로 이

주했다는 것이다. 이민 패턴이 달라지고 있는 것이다.

이 같은 사실은 미래의 교회, 미래의 선교에 어떤 시사점을 주는 걸까? 우선 세계는 이제 다민족, 다문화, 다인종, 글로벌 디아스포라 시대를 살고 있음을 시사한다. 단일 민족, 단일 언어, 단일 사고의 모노컬처는 이미 옛말이 되었다. 여전히 단일 민족이라는 자부심으로 똘똘 뭉쳐서는 변화하는 세상을 감당하지 못할 것이다.

이 점은 이민교회에도 적용된다. 그동안 한인교회는 한인 이민자들을 대상으로 존재했다. 그러나 이제는 한인 사회를 뛰어넘는 새로운 지역 선교 전략과 타 민족을 향한 선교 사역이 강화되어야 한다. 한인 디아스포라 교회들은 이제 현지 교회들과 사역적 연대를 통해 현지 시민들을 복음화하는 일에 앞장서야 한다. 아직 복음을 알지 못하는 타 인종에 다가가 복음을 전하는 전략이 나와야 한다. 사실 한인 주거 지역에는 타 문화권에서 온 다수의 미전도 종족이 많다. 이들에게 문호를 열어 복음을 전하는 것이 바로 디아스포라 선교다.

한편, 유럽에 유입된 수많은 비서구적인 교회들이 부흥을 거듭하고 있다. 아프리카에서 건너온 신유목민들이다. 그들이 유럽 교회들과 연대해 쇠퇴의 길을 걷고 있는 유럽을 재복음화하는 일에 앞장서고 있다. 꼭 멀리 해외 선교지에 나가지 않더라도 내가 발을 딛고 있는 이곳이 바로 선교지라는 발상이 필요한 때다. 오늘날 하나님은 이러한 유목민적 사고와 선교를 원하신다.

차세대 리더를 양성하라

얼마 전 7년 동안 같이 동역하던 부목사가 내슈빌 지역에 담임 목사로 부임해 갔다. 부목사들을 보낼 때마다 나는 마치 시집보내는 어머니의 심정이 된다. 한편으로 감격스럽고 한편으로 걱정스럽기도 하다. 교우들은 석별의 정보다 새로운 임지로 떠나보내는 감격이 더 큰 모양이었다.

젊은 날 나도 교회 개척을 위해 캘리포니아로 떠난 적이 있다. 얼마나 비장한 각오를 가지고 떠났는지 모른다. 아무것도 준비된 게 없는 개척교회로 떠나면서 실로 막막했기에 더 그랬다.

부목사는 미래의 교회를 이끌어 나갈 꿈나무들이다. 이런 차세대 리더들을 때로 단호하고 철저하게 훈련시켜 미래의 주역으로 만드는 일이 나와 내 또래 목회자들이 할 일이다.

바울은 그 바쁜 선교와 목회 사역 중에도 미래의 재목을 찾아 훈련시켰다. 그중에는 이미 상당한 리더십을 갖춘 실라도 있었다. '믿음 안에서 참 아들'이라고 부른 디모데처럼 직접 키운 리더도 있었다. 바울은 직접 사역지와 선교 현장을 다니면서 그들을 가르쳤고 때가 되면 책임과 권위를 위임하여 사역지로 파송시켰다. 그가 키워 낸 차세대 리더들의 명단은 디도, 누가, 아볼라, 실라, 브리스길라, 아굴라 등이다.

바울은 어디를 가든지 회당에서 청중을 모아 가르쳤다. 그런 중에 될성부른 재목을 눈여겨보았다가 그들을 집중적으로 멘토링하고 코칭했다. 그렇기에 초대교회 부흥의 단초는 그의 사람을 키우는 리더십으로 거슬러 올라간다.

내가 우리 교회에 부임한 지도 벌써 20년이 되었다. 이제 마음을 가다듬고 마지막 호흡을 잘 다스려야 할 때가 되었다. 바울처럼 나도 남은 시간을 차세대 리더를 양성하는 일에 쏟아 붓고 싶다.

바울은 가는 곳마다 교회를 개척했다. 이들 교회가 다시 소아시아 전체와 유럽의 상당 부분까지 퍼져 나갔다. 바울은 교회를 세운 뒤 후임 리더를 양성하고 그에게 교회를 맡긴 다음 다시 선교여행을 떠났다. 떠난 뒤에도 틈틈이 그들을 찾아가 격려하고 동역하고 계도했다. 때로 편지를 통해서 리더십의 바통을 이어 갔다. 오늘도 그가 쓴 목회 서신서를 통해 나 같은 사람에게도 그의 리더십이 전해져 마음을 새롭게 하는 원동력이 되고 있다.

그런데 왜 그렇게 고생하면서까지 미래의 리더들을 키워야 할까? 바울이 초대교회에서 이루었던 그 사역을 왜 지금도 계속해야 할까?

그것만이 교회가 살 길이기 때문이다. 사람을 키우는 일이 오늘날 교회의 희망이기 때문이다.

　희망은 역시 사람에게 있다. 사람을 키우는 교회, 차세대를 양육하는 공동체, 그곳에서 공동체의 맥이 이어지는 희망의 계주가 계속된다.

chapter 3

이민 목회의
미래를
생각한다

한국인은 대체로 인간관계가 수직적이다. 반면에 미국인은 인간관계가 수평적이어서 어떤 규칙이나 형식에 얽매인 인간관계를 싫어하고 격식이나 체면 따위에 신경 쓰지 않는다. 그렇다 보니 한국인의 시각에선 미국인이 무례해 보이고, 미국인의 시각에선 한국인의 규범이 도무지 이해되지 않는다. 그런데 이것은 누가 옳고 틀린 것이 아니다. 그저 문화의 차이일 뿐이다.

이민 2세들은 미국의 문화와 관습을 배우고 익히며 자란다. 도덕의식이 강하고 언어가 정확하고 논리적이며 정직의 가치를 중요하게 여긴다. 느끼는 대로 솔직하게 표현하니 겉과 속이 다르지 않다. 나는 이민 2세들의 이런 면이 좋다.

한국으로 진출하는 2세들

얼마 전 지인으로부터 한국 진출을 시도하는 한인 2세들과 관련해 몇 가지 사실을 전해 들었다.

한국의 젊은이들은 한인 2세들의 한국 진출을 달갑지 않게 여기며 이들을 경쟁 상대로 여긴다는 것이다. 최근 한인 2세의 한국 진출이 눈에 띄게 늘어난 것은 사실이지만 그것이 한국의 젊은이들을 위협할 정도라니, 내겐 좀 충격이었다.

한인 2세는 한국의 재벌 기업이나 IT 업계에 취직하는가 하면 영어 교사가 되기도 한다. 그런데 문제는 거기서 그치지 않는다. 한인 2세들이 한국 생활을 하면서 한국의 음주와 퇴폐적인 문화에 젖어드는 것이다. 한국에서 배운 대로 미국에 와 음주 운전을 하다가 구속된 경우도 있다. 미국에선 음주 운전에 대해 매우 무거운 책임을 묻는다.

이와 관련해 교회 청년 교역자들과 이야기를 나누었는데, 우리는 한인 2세를 한국으로 보내기 전에 영적 훈련과 무장을 시킬 필요가 있다는 것에 공감하게 되었다. 나아가 한국교회들과 연합해 한인 2세들이 한국에서 바른 신앙생활을 할 수 있도록 도와야 할 필요가 있다.

한국은 이제 IT 강국에 한류 열풍 등 매력적인 나라가 되었다. 더 많은 한인 2세들이 한국 기업으로 진출하게 될 것이다. 하지만 그에 앞서 이방 나라에 가서도 신실과 영성을 지킨 다니엘과 같은 결단이 선행되어야 한다. 다니엘은 수많은 유혹을 받았으나 흔들리지 않고 하나님을 기쁘시게 하는 일만 선택했다. 하나님은 그런 다니엘을 축복하셨다.

우리 자녀들이 모국으로 돌아가 자기의 뿌리를 배운다는 것은 매우 기쁜 일이다. 하지만 배우지 말아야 할 것까지 배워서 영적으로 타락할까 걱정이다.

2세 목회, 어떻게 해야 하나?

이민교회에서 2세 목회가 차지하는 비중은 실로 크다. 하지만 2세 목회는 어떤 목회보다 고통과 어려움이 따른다. 많은 1세 목회자들이 2세 목회에 대해 부담스러워한다. 그래서 적지 않은 2세들이 한 지붕 교회의 빗장을 깨뜨리고 나와 독립적인 목회를 하고 있다. 앞으로 특단의 대책이 없는 한 1세 이민교회에서 유리된 2세 위성 독립 교회들이 속속 등장할 것이다.

한인교회 부모들의 가장 큰 관심사는 자녀 교육이다. 그런데 자녀 교육은 가정에서 주로 이뤄진다. 신앙 교육 역시 마찬가지다. 하지만 많은 부모들이 신앙 교육은 교회학교에, 그밖의 교육은 학교에 떠넘기고 있다. 그래서 교회학교가 시원찮으면 가족 모두가 다른 교회로 옮기는 경우도 종종 있다.

2세 목회가 어려운 이유 중 하나는 문화 차이 때문이다. 이민자의 자녀로 살아가는 우리 아이들은 가정과 교회 그리고 학교의 다중 문화권 속에서 갈등과 어려움을 겪게 된다. 눈에 띄게 다른 신체와 외모, 언어 등으로 인해 자칫 소외감을 느끼고 겉돌 수 있다. 여기에 미국에 와서 더 바빠진 부모에게 충분한 사랑과 관심을 기대할 수 없으니 많이 외로울 것이다.

부모는 "너희 때문에 이민 왔다"고 말하지만 자녀는 그 말을 공감하지 못한다. 자신을 위해 전혀 시간을 내지 못하는 부모의 사랑이 공허한 메아리처럼 들리는 것이다.

부모 문제는 더 심각하다. 미국의 교육 제도, 교과 과정에 대한 이해나 지식도 현저히 떨어질 뿐 아니라 자녀가 다니는 학교에 가서도 허심탄회하게 대화를 나눌 수가 없다. 언어가 안 되기 때문이다. 또 자녀에게 무조건 복종할 것을 강요하고 좋은 성적을 거둘 것을 요구한다. 자녀와 부모 사이의 거리는 점점 멀어진다.

아이들은 흔히 학교와 가정에서 다른 자아상을 가지고 살기 쉽다. 그래서 부모는 문제가 터진 후에야 내 자녀가 그런 아이인지 꿈에도 몰랐다고 탄식하곤 한다.

이민교회에서 2세 목회가 성공하려면 무엇보다 교회와 가정이 연대해서 그들의 교육을 책임져야 한다. 특히 교회의 2세 목회에 대한 특단이 필요하다.

우리 교회에는 청소년기에 은혜를 받는 아이들이 적지 않다. 그중에는 신학교로 진학해서 목회하는 아이들도 있다. 또 선교사로 헌신하는 가정도 있다. 얼마나 감사한 일인가?

이제 청소년들이 영적으로 윤리적으로 도전받을 만한 선교나 창의적인 교육 현장이 필요하다.

우리 교회는 어려운 살림이지만 매년 여름이면 청소년들을 단기선교로 보낸다. 어려운 선교지를 방문하고 눈과 귀가 변화되어 감사하는 삶, 어려운 이웃을 책임지는 삶, 영적 리더의 삶을 배우게 하려는 것이다. 선교지를 다녀온 아이들은 훗날 대학에 갈 때 캠퍼스 선교사로 파송되어 학원을 변화시키는 사명을 갖게 된다.

1.5세 목회자, 희망인가 한계인가?

한때 교회마다 1.5세 목회자를 청빙하는 것이 광풍처럼 분 적이 있다. 1.5세 목회자, 어떻게 보면 대단히 이상적인 모델이다. 1세와 2세 목회의 장단점을 파악하고 있으며 이중 문화와 이중 언어에 익숙해서 이민교회의 새로운 수혈자가 될 것이기 때문이다. 실제로 1.5세로서 1세 목회를 성공적으로 수행하는 목회자들은 미래 한인교회의 리더로서 자기 역할을 하게 될 것이다.

그러나 현실은 그렇게 낙관적이지 못하다. 그렇게 환영을 받으며 사역지로 부름 받은 1.5세 목회자들이 기대와 달리 몇 해 못 견디고 사역지를 떠나는 일이 심심찮게 있기 때문이다. 교회의 분쟁으로, 원로목사와 갈등하고 당회와 마찰을 빚어서 사임을 한다는 소식을 들을 때마다 안타깝기 그지없다.

1.5세 목회자들은 한인교회의 희망이 되어야 함에도 불구하고 벌써부터 한계를 드러내고 있다. 한인교회 전체로 봤을 때 심각한 상황이라 할 수 있다. 1.5세 목회자들은 어째서 한인교회의 희망이 되지 못하는 걸까?

첫째, 1.5세 목회자에 대한 교회의 과잉 기대감 때문이다. 1.5세 목회자가 이상적으로 보이지만 사실 그들은 성장 과정에 있는 목회자들이다. 더구나 1세 당회원들이나 교회 평신도 리더들이 그들을 청빙해 놓고 1세 스타일의 리더십을 기대하거나 1세 스타일의 인간관계를 기대한다. 1.5세 목회자로서 부담이 아닐 수 없다.

1.5세 목회자들이 영어를 잘 구사하고 이중 문화와 이중 언어에 능통하다고 해서 영성마저 능통한 것은 아니다. 리더십이 잘 훈련된 것도 아니다. 1.5세 목회자들이 한 교회를 이끌어 갈 만한 리더십과 영성을 갖추려면 한 세대 즉 10년은 지나야 한다고 본다. 그때까지 교회는 인내를 가지고 1.5세 목회자를 지켜보고 보호해 주어야 한다. 그렇지 않으면 아예 청빙하지 않는 것이 지혜라고 본

다. 청빙해 놓고 흔들어 댄다면(?) 노련한 1세 목회자라도 감당하기 어렵다.

둘째, 한국 정서가 강한 1세대 평신도 지도자들과 2세 문화에 가까운 1.5세 목회자 간에 갈등은 필연적이다. 문화와 정서가 다른 두 세대가 충돌하는데 갈등과 차이가 드러나지 않을 리 만무하다. 이때 1세 식 문제 해결은 1.5세 목회자에겐 아픔이 된다. 1세대 목회자라면 하나님의 소명을 가지고 어떻게든 어려운 목회 상황을 인내해 보려 분투하지만 1.5세 목회자들은 그런 뚝심을 가지고 버텨 내지 못한다. 의지력의 문제가 아니라 1.5세 목회자들이 자란 환경이 다르기 때문이다.

이제 1세, 1.5세, 2세가 공존하는 목회 현실이 곧 다가올 것이다. 이 다양한 세대들이 조화를 이루며 차세대 이민교회를 형성해 나가려면 1.5세 목회자들의 역할이 매우 중요하다.

1.5세 목회자는 한인교회의 미래를 책임질 리더들이다. 그들이 무너지면 한인교회의 미래도 불투명하다. 그러므로 그들을 격려하고 용기를 주며 리더로서 잘 훈련되도록 다 같이 힘을 모아 도와주기를 기도한다.

나도 이민교회를 책임지는 입장에서 한인교회 평신도 지도자들에게 권면하고 싶다. 1.5세 목회자들에 대한 문화적 수용 능력을 높이기를 바란다. 그리고 먼 미래를 바라보며 인내하기를 바란다.

1.5세 목회자들이여, 아무리 목회 상황이 답답하고 힘들더라도 리더십은 그렇게 불과 같은 전쟁터에서 연단되고 훈련된다는 사실을 명심하기 바란다.

30~40대, 이들은 누구인가?

매년 여름이면 당회원과 목회자가 함께 모여 한 해를 돌아보고 목회를 반성하는 한편, 새로운 비전을 세우는 의미 있는 시간을 갖는다. 지난해 모임의 화두는 '30~40대를 어떻게 목양할까?'였다.

최근 새가족위원회에서 지난 몇 년 동안 교인 통계를 분석했더니 젊은 세대가 다소 감소되었다는 결과가 나왔다. 우리가 사는 애틀랜타는 인구 유동성이 심해 그 감소가 실제적이며 의미 있는 수치인지는 의문이다. 하지만 새로 부상하는 이 세대를 포용하지 않고서는 교회의 미래가 없다는 사실만큼은 분명하다.

나는 30~40대 또래 교역자들에게 부탁하여 그들 세대의 고민과 필요를 물어보게 했다. 그들의 의견에 의하면, 이 세대의 주 관심사는 자녀 양육과 사회에서 안정된 위치를 확보하는 것이었다. 한창 일할 나이라 바쁘지만 미래에 대한 불안감을 많이 느낀다고 했다. 그래서 이들은 주일예배에는 참석하지만 교회 양육과 모임에는 참석할 만한 여유가 없다고 했다. 따라서 교회의 여러 모임에 그들이 적극 참여해 줄 것을 기대하는 것은 무리였다.

어느 신세대 전도사님은 30~40대들에게 무거운 교회 사역은 부담스러울 것이라며 차라리 다양한 각도에서 작은 자극을 주는 것에서 사역을 시작하라고 조언했다. 예를 들어, 이메일이나 SNS로 서로 안부를 묻고 팟캐스트로 새벽예배 설교를 청취하는 것이다. 또 큐티로 하루를 시작하고 묵상을 SNS나눔방에 올리는 것도 좋다. 무슨 거창한 모임보다도 소그룹으로 모여 자녀들의 양육, 직장에서의 고민 등과 같은 현실적인 문제들을 나누고 서로가 서로를 목양하는 사역부터 시작해 보자는 것이다. 나는 모두 새로운 발상이라고 고개를 끄덕였다. 나는 신세대 전도사님의 도움으로 매일 설교를 팟케스트로 내보내고 있다.

한편, 이들에게는 페이스북은 물론이고 SNS 문자 기도방, 기타 소셜네트워크 채널 등을 이용하는 창조 사역에 동참하게 하라는 주문도 있었다. 이를 위해 교회가 소셜미디어 사역자들에 투자해야 한다고도 했다. 요약하면, 앞으로 차세대 사역에서 소셜네트워크의 영향력은 엄청날 것이므로 이 사역에 투자해야 한다는 것이다. 그렇지 않다면 이민교회의 미래는 밝지 못할 것이다.

오랜만에 이렇게 신구 세대가 함께 모여 교회의 미래를 숙고하고 토론하는 시간을 가지면서 서로 의기투합할 수 있었다. 하지만 30~40대들과 접촉점을 만들 필요는 분명히 있지만 그들의 요구에 일방적으로 끌려가선 안 되겠다는 생각도 했다. 이들 역시 단단한 복음의 진리로 양육받아야 하기 때문이다.

새로운 세대를 목회하려면 사고의 전환이 필요하다. 그리고 새로운 세대의 목회자들과 평신도들이 이 사역을 주도적으로 이끌어 갈 필요가 있다. 물론 그 과정에서 적지 않은 시행착오를 겪을 것이다. 그러나 땀을 흘리는 만큼 열매가 풍성할 것이다.

새 시대에 주목받는 여성 리더십

여성 리더십이 주목받는 시대이다. 내가 섬기는 교회에도 여성 장로가 두 분 있는데, 여성 특유의 감성 리더십으로 새로운 전기를 마련하고 있다. 여성들이 당회에 들어온 이래 분위기가 훨씬 부드러워졌다.

여성 CEO들이 곳곳에서 활약하고 있음에도 사회는 여전히 여자보다 남자에게 우호적이다. 여자는 경쟁력이 없고 성공에 대한 두려움이 많다는 게 그 이유다. 또 여자는 배우자, 자녀, 부모, 가정 등에 동의를 구해야 하기 때문에 리더십이 수동적이라는 편견도 있다. 여자들은 쉽게 지치고 스트레스를 자주 드러낸다고도 한다. 이것이 모두 편견일지도 모르나 만일 사실이라면 여성이 앞으로 극복해야 할 과제일 것이다.

미래 사회의 특징은 영성의 부활이다. 과거 과학과 정보에 지나치게 의존하다 보니 지금은 이에 대한 반동으로 영성 개발이 중요해졌다. 그런데 일반적으로 영성은 여자가 더 깊다. 교회에서도 남자보다 여자가 믿음이 더 깊고 기도 생활을 지속적으로 한다. 성경에는 한나, 마리아, 브리스길라와 같은 영성의 여인이 소개되어 있다. 이러한 영성의 여인들이 미래 교회의 주역이 될 것이다.

앞으로는 교회 내에서 여성의 지위가 향상되고 여성의 역할이 더 활성화되며 여성 교역자가 증대할 것이다. 애틀랜타에 소재한 콜럼비아 신학교에는 신학생 중 무려 40퍼센트가 여학생이라고 한다.

지난날 한국교회는 민족의 역사를 선도해 갔다. 그리고 그 중심에는 여성이 있었다. 성경의 드보라와 에스더는 믿음으로 민족의 역사를 이끈 주역이다. 오늘날에도 글로벌화된 리더십이 필요하다. 여성들이 깊은 영성으로 감성적 리더십을 가지고 가정과 교회와 나라를 살리는 주역이 되기를 기도한다.

-
Part **3**
-

위기의 세상을
헤쳐 나가는
리더십

chapter 1

세상의 위기
가운데
깨어나라

급격히 세속화되는 세상

미래의 역사가들은 2015년 6월 26일을 매우 중대한 결정을 내린 날로 평가할 것이다. 미국은 그동안 결혼은 한 남자와 한 여자가 하는 이성 간의 결합으로 규정해 왔다. 이것은 미국의 전통적인 결혼관을 지탱한 가치였다. 그런데 이날 연방 대법원은 5:4로 동성결혼을 인정했다. 결혼을 이성 간의 결합으로 규정한 그동안의 법안이 개인의 자유를 박탈한다는 것이 그 이유였다. 그러나 동성결혼의 인정은 미국 사회에 커다란 변화를 가져올 역사적인 결정이 될 것이다.

그동안 기독교는 동성결혼에 대해 반대 입장을 분명히 했다.

그것이 하나님이 설계한 창조 질서를 흔드는 것이기 때문이다. 이제 아이들은 학교에서 가정조사서를 작성할 때 아버지, 어머니가 아닌 부모 1, 부모 2로 기록해야 할 것이다. 아울러 일부다처제를 지지하는 사람들이 이 법안을 근거로 자신들의 삶도 인정해 달라는 요구를 하게 될 것이다.

동성결혼을 허용하는 나라가 점점 늘고 있다. 혼란은 더 가중될 것이고 사회는 끊임없이 갈등하고 분열하게 될 것이다.

이제 교회에서 목사는 동성애를 죄라고 설교해선 안 된다. 그랬다간 갖가지 소송에 휘말리게 될 것이다. 또 동성애 결혼을 위한 주례를 거부했을 때도 비난을 감수해야 할 것이다.

이처럼 급변하는 세상에서 우리는 대체 어떻게 기독교적인 가치관을 가지고 살아가야 할까? 갈수록 반성경적인 방향으로 나아가는 세상과 어떻게 화해하며 살아야 할까?

칼 몰러(Karl Moller) 목사는 이렇게 말했다.

"자유란 쉽게 얻는 것이 아니다. 미국을 세운 이들의 피로 산 것이다. 그저 폭죽놀이와 바비큐로 즐기기만 할 것이 아니라 우리에게 자유를 주기 위해 그리고 신앙의 자유를 주기 위해 자신의 목숨을 바친 이들에게 감사와 존경을 드려야 할 것이다."

미국은 기독교 신앙을 위해 자신의 목숨을 드린 순교자의 피 위에 세워진 나라다. 역사상 복음을 붙잡고 건국한 나라는 미국이

유일하다.

　그런 미국이 이제는 세상 가치관을 좇기에 바쁘다. 갤럽 등은 최근 미국인의 78퍼센트가 "미국의 도덕적 가치는 매우 약해졌다"고 평가했다고 발표했다. 기독교 통계학자 조지 바나(George Barna)는 크리스천들조차 심한 영적 무질서에 빠져 있다고 경고한다. 미국의 젊은이 중 40퍼센트가 예수가 죄를 범했다는 견해를 믿는다고 한다.

　성경에 대한 무지, 영적 무질서, 교회 내 상대주의의 확산, 사회의 부도덕성 등은 크리스천들조차 세속주의의 길을 걷게 하고 있다. 심히 우려하지 않을 수 없다. 이제 크리스천이 오히려 소수가 되는 사회가 되지 않을까 걱정된다. 과연 우리는 하나님의 자녀로서 어떠한 신앙적 지혜를 가지고 살아야 할 것인가?

　무엇보다 우리는 간절히 회개하며 기도의 자리로 나아가야 한다. 부흥이란 하나님의 마음을 품고 기도하는 소수의 영적 각성자들에 의해 시작된다.

　하나님이 우리에게 부흥의 은혜를 주셔야 한다. 그렇지 않으면 세속화는 더 심화될 것이다. 성령의 강력한 역사 가운데 개인과 도시와 나라가 하나님께 돌아오는 부흥만이 오늘날 이 땅의 유일한 희망이다. 크리스천들이 나라 사랑에 앞장서야 한다. 나라 사랑은 "네 이웃을 네 자신과 같이 사랑하라"는 예수님의 말씀에 근거한 신앙 행위다. 아브라함, 모세, 느헤미야, 바울 등 성경 인물들도 동포와 조국을 위해 눈물을 뿌리며 간절히 중보했다.

크리스천은 세속적인 세상의 파도에 압도당하거나 공황 상태에 빠져서는 안 된다. 하나님은 여전히 보좌 위에 앉아 계시며 역사의 주관자이시다. 역사적으로 기독교가 핍박을 받고 세상 문화와 첨예하게 대립할 때 오히려 기독교는 놀라운 생명력을 발휘하였다. 이방 문화로 인해 도덕적 타락이 극심하던 1세기에 오히려 초대 교인들은 강력한 영성으로 세상을 뒤집어 놓았다.

그들은 세상 사람들과는 차별화된 신앙 운동을 펼쳤다. 그들은 더욱더 온전한 사랑으로 하나님 나라의 모습을 선포하였다. 우리는 하나님의 주권과 섭리를 믿는 사람들로서 로마서 8장 28절 말씀과 같이 합력하여 선을 이루시는 하나님을 기억해야 한다. 모든 크리스천들이 이 시대의 위기를 각성하고 하나님께 매달려 기도하는 새로운 중보기도 운동을 펼쳐야 한다.

1739년 영적 대부흥 운동이 있기 전 미국은 극심하게 타락하고 경제적으로 위기에 봉착한 상황이었다. 미국의 전 교회는 5년 동안 매주 모여서 미국의 부흥을 위해 간절히 기도했고 마침내 대부흥 운동이 일어났다. 우리를 구원할 수 있는 정치적 메시아는 존재하지 않는다. 오늘 한국과 미국에 절실한 것은 제2의 부흥 운동이다. 모든 크리스천들이 새로운 영적 전쟁을 선포하고 합력하여 선을 이루어야 한다.

그리고 교회는 동성애나 동성결혼 등의 타락에 대해 마냥 충격에 빠져 있어선 안 된다. 이를 현실을 깊이 이해하고 통찰하는 계기로 삼아야 할 것이다. 이런 때일수록 컨퍼런스나 세미나를 통해 사회적 이슈에 대해 신학적으로 조명하는 노력이 필요하다. 그리고 우리의 후배들이 걸어갈 신앙의 방향을 제시할 수 있어야 한다.

우리는 영적 부흥을 위해 계속해서 기도해야 한다. 미국의 동성결혼 합헌 결정은 20~30년 후에 심각한 후유증을 가져올 것이다. 미국의 혼란은 세계의 혼란으로 이어진다. 우리가 깨어서 그들을 위해 참회하며 하나님의 주권을 간구해야 하는 이유다. 하나님은 오히려 이런 때에 긍휼을 베푸신다. 우리의 교만함과 죄악을 회개하며 긍휼을 베푸시는 하나님께 부흥을 허락해 달라고 다시 한번 간절히 기도해야 할 때다.

아울러 이러한 시대일수록 성경적 결혼의 아름다운 본을 보여 주어야 한다. 하나님은 결혼을 교회를 향한 하나님의 사랑과 하나님을 향한 교회의 사랑으로 비유하고 있다. 따라서 우리의 결혼생활은 불신자를 향한 거룩한 간증이 되어야 한다. 진정한 결혼의 의미가 무엇인지를 모범으로 보여 주어야 한다. 그것이 세상 사람들에게 하나님의 사랑을 알리는 방법이다.

하나님께 간절히 매달려 기도하는 중보자를 보시고 하나님은 은혜를 베푸신다. 몰아닥치는 지구촌의 재난들을 바라보면서 우리를 깨우치시는 하나님께 다시 간절히 나아가야 한다. 숫자는 중요하지 않다. 우리가 기도의 불쏘시개, 중보기도의 불쏘시개가 될 때 하나님은 놀라운 축복과 임재로 함께하실 것이다.

하나님은 여전히 일하신다

최근에 캘리포니아에서 전 세계 복음주의 목회자 약 5천 명이 모인 가운데 컨퍼런스가 열렸다. 기독교는 어느 때보다 큰 위기에 처했으며, 이 위기의 근원은 기독교 내부에 있다는 것이 모두의 공통된 진단이었다. 그중 가장 큰 위기는 하나님 말씀의 권위가 무너지고 있다는 것이었다. 이것은 비단 교회 바깥뿐 아니라 교회 내부에서도 일어나는 현상이다. 많은 교인들이 말씀이 가리키는 방향에 복종하지 않고 오히려 세상의 오락을 따라 삶을 소비한다.

세상은 점점 험난해지고 있다. 매일 전해 듣는 총기 난사 사건에서부터 부도덕적인 타락 그리고 천 년 만에 찾아온 캘리포니아의 기록적인 가뭄, 기상이변과 환경재앙, 미국 주류 교단의 동성애 이슈, 미국 연방 대법원의 동성결혼 합헌 결정까지 들려오는 소식마다 흉흉하다. 성경의 권위를 인정하고 성경이 가리키는 방향으로 삶을 조정할 때 세상이 교회를 본받으려 할 것이라 믿는다.

세속화된 세상과 싸우는 일은 마치 골리앗을 상대하는 다윗과 같다. 누가 봐도 패배가 확실해 보이는 싸움을 하려면 다윗처럼 하나님을 의지해야 한다.

> 너는 칼과 창과 단창으로 내게 나아오거니와 나는 만군의 여호와의 이름 곧 네가 모욕하는 이스라엘 군대의 하나님의 이름으로 네게 나아가노라 (삼상 17:45)

세상이 모래 늪의 허약한 기반으로 빨려 들어갈 때 우리는 하나님의 말씀을 더욱더 붙들어야 한다.

지난날 교회의 역사를 볼 때 하나님은 작은 자와 연약한 자를 사용하여 하나님의 새로운 역사를 이루어 가셨다. 갈릴리 제자들과 같이 연약한 자들을 사용해 복음을 온 땅에 전하셨다. 마르틴 루터와 같이 연약한 사제를 사용해 거대한 가톨릭 교회를 혁신시켰다. 적지 않은 종교 개혁자들은 다 약하고 힘없는 변방의 리더들이었다. 교회는 비록 작고 약하지만 하나님께서 우리 같은 연약한 자들을 사용하여 이 땅을 혁신하고 변혁시키실 것이라고 나는 믿는다.

희망을 갉아먹는 세상의 나쁜 소문들 중에도 하나님께서 예수 그리스도를 통해 우리를 구원하셨고 성령님을 보내셔서 우리를 말씀으로 가르치신다는 사실은 변함이 없다. 십자가의 은혜를 베푸신 하나님의 사랑은 변함이 없다.

이 시대는 하나님의 말씀을 붙들고 담대하게 살아가는 다니엘이 필요하다. 구름이 끼고 천둥 번개가 치는 세상에서 복음으로 무장되어 격변의 세상을 헤쳐 나가는 진실되며 헌신된 그리스도의 제자들이 필요한 시대다.

세상은 결코 좋아지지 않을 것이다. 유토피아도 오지 않을 것이다. 그러나 복음과 영성으로 무장된 이 시대의 진실된 남은 자들은 여전히 존재할 것이다. 하나님은 그 남은 자들을 통해 세상을 변혁시켜 가실 것이다.

빛과 소금으로 거듭나라

언젠가 크루즈 여행을 한 적이 있다. 승무원이 모든 승객을 객실에서 나오게 한 다음 갑판에 도열시켰다. 그리고 자기 번호에 서게 한 다음 위급 상황에서 어떻게 해야 할지를 꼼꼼하게 설명했다. 조금 짜증이 났지만 모든 승객이 승무원의 지시에 따라 숙연하게 연습에 임하는 모습을 보면서 미국은 질서와 규칙을 잘 지키는 나라라는 강한 인상을 받았다.

한국 사회의 구조적인 병폐로 적당주의와 편의주의, 관료주의, 책임지지 않는 리더의 부재 등을 꼽는다. 이러한 병폐로 인해 나라

곳곳에서 얼마나 많은 문제들이 드러났는가? 그동안 선진국의 축포를 쏘아 올리며 축하받던 대한민국의 민낯이 과연 이런 것인가 싶을 만큼 그 병폐는 심각하다.

공공의 선을 책임질 교회도 정직과 윤리가 실종된 상태이니 참회의 재를 쓰고 회개할 따름이다. 한국 개신교 단체들의 몰상식한 분열과 혼란, 싸움 등이 교회 이미지를 실추시키고 있다. 어느 미래성장학자는 앞으로 10~20년 내에 한국교회가 반토막 날 것이라고 예견했다. 여기에는 한국 사회의 급격한 세속화와 출산율 저하, 경제 위기 등이 요인으로 작용하고 있다.

한국교회 지도자들의 뼈를 깎는 자성과 참회가 필요한 때다. 그러나 그도 쉬워 보이지 않는다. 그럼에도 소망은 여전히 교회에 있다. 점점 더 어지러워지는 세상을 구원할 이는 성경이 가르치는 정직과 믿음, 사랑을 배운 크리스천이기 때문이다. 허술한 사회의 안전망이 새롭게 구축되고 정직이 회복되는 일에 크리스천과 교회가 살신성인의 마음으로 앞장서야 한다.

교회 안에 독버섯처럼 퍼진 부정직과 윤리의 실종을 우선 점검해야 한다. 성장과 번영 중심의 병든 신학을 벗어 버리고 교인 한 사람 한 사람이 진정한 빛과 소금의 책임 있는 존재로 거듭나는 신학으로 전환해야 한다.

하나님은 항상 위기 가운데서 새로운 시작을 이루시는 분이다.

이 위기가 한국 사회와 교회가 거듭나고 새로워지는 전환의 출발점이 되기를 간절히 기도한다.

관료적 리더십에 종말을 고하라

한때 한국은 강력한 관료주의 사회였다. 그러나 오늘날처럼 위기가 상수가 된 이상 관료적 리더십은 종말을 고할 때가 아닌가 한다.

학벌주의, 연고주의, 파벌주의가 득세하고 앵무새처럼 법과 규정, 규칙을 기계적으로 읊는 집단이 되어 버린 관료 사회, 이제는 도태되어야 마땅하다. 더구나 그들은 억울하고 속상한 국민의 마음을 어루만지고 치유하기는커녕 자기 몸 하나 보전하는 데 급급하고 오히려 항의하는 사람들을 죄인 취급하고 있다. 위기 극복에 걸림돌이 되고 있는 것이다.

교회도 마찬가지다. 선교 한번 다녀오지 않은 사람들이 선교에 대해 이러쿵저러쿵 말이 많다. 기도하는 자리에선 얼굴도 보기 힘든 사람이 남의 기도에 대해 이러쿵저러쿵 한다.

당회나 운영위원회에 참여하는 핵심 제직들은 교회 사역 현장의 전문가가 되어야 한다. 교회 교육, 선교 현장, 교인들의 영성 생활, 그리고 복음에 대해 전문가가 되어야 한다. 그래야 진정한 리더십을 발휘할 수 있다. 교회도 은사와 전문성이 없어도 그저 시니어라는 이유로 위원장을 맡는 일은 지양해야 한다.

오늘날 신학교에서 배운 교회론이 목회 현장과 교회 현장에서 아무런 쓸모가 없다면 어떻게 해야 할가? 적어도 목회자는 인간을 변화시키는 전도, 소그룹, 목회 등에 전문적이며 검증된 체험과 지식이 있어야 한다. 그렇다면 어떻게 해야 좀 더 구체적이고 목양적이며 사역 지향적인 교회가 될 수 있을까? 목회자들은 산 경험이 필요하다. 목회자들이 뜬구름 잡는 형이상학적 교회론만 읊조린다면 교회에 무슨 희망이 있겠는가? 실제적이며 현장적이고 적용 가능한 목회론이 교회 현장에서 펼쳐져야 한다.

교회와 교단에도 곳곳에 관료적인 요소들이 도사리고 있다. 수십 년을 동일한 사람들이 교회를 이끌어 가고, 그 사람들이 똘똘 뭉쳐 교단을 장악하고 있다면 그것이 바로 관료주의다. 이런 관료적인 행태가 교회에서 사라지기 위해서는 바른 리더십 문화가 형성되어야 한다. 새로운 일꾼들을 훈련시켜 차세대 리더로 세워야 한다.

교회 내 사역 조직도 현실적으로 가동되지 않는 사역은 구조 조정해야 한다. 꼭 필요한 사역 조직만 남기고 이름뿐인 조직들은 폐기 처분해야 한다.

한편, 지역 교회의 현실을 확실히 알고 지역 상황에 맞는 새로운 목회 사역이 정립되어야 한다. 관념적 교회론이 아닌 현장적이고 실천적인 교회론이 필요한 것이다.

좀 더디게 가고 천천히 가더라도 사회를 건강하게 그리고 안정되게 만드는 것이 필요하다. 한 나라의 시스템도 그렇고 지역 교회도 그렇다.

에서와 야곱과 같이

창세기 33장에서 에서와 야곱이 대결과 파국에서 용서와 화해로 전환되는 것을 보면서 왠지 눈물이 났다. 남과 북으로 갈라진 우리 민족에도 에서와 야곱의 용서와 화해가 찾아오기를 간절히 기도했다.

나는 개인적으로 선교를 목적으로 북한을 세 번 다녀왔다. 그러면서 북한을 이해하려고 애쓰게 되었다. 최근 한반도 상황은 위험해 보인다. 당장에라도 무슨 일이 일어날 것처럼 팽팽한 긴장감이 돈다. 평화를 지키려 하지 않고 차라리 전쟁하자는 소리가 나오다니, 정말이지 큰일이다. 우리 민족이 처한 가장 큰 위기는 평화를 지키지 않아도 된다는 생각에 있다고 본다.

전쟁이 일어나면 통일이 될까? 그렇게 통일이 되면 그것이 과연 통일일까? 북한과 전면전이 벌어지면 한미 연합군이 북한 정권을 궤멸할 수도 있다. 그러나 그 과정에서 수많은 인명 피해가 발생한다. 사람들은 전쟁 뒤에 몰려올 후폭풍을 말하지 않는다. 그 후유증이 얼마나 깊은 상처를 남기는지 말하지 않는다.

더구나 핵전쟁이 일어나면 모두가 죽는다. 서울과 평양은 고작 두 시간 반 거리다. 양쪽에 스커드 미사일 하나만 떨어져도 수만 명의 살상 피해가 발생한다. 천만 인구가 밀집한 서울에 핵폭탄이 떨어진다고 상상해 보라. 끔찍한 불행이 닥치는 것이다.

6·25 전쟁이 일어났을 때 남한이든 북한이든 폐허나 다름없었다. 전쟁고아가 생겼고, 이산 가족이 생겼고, 배고파 죽는 사람이 생겼고, 미군 뒤를 쫓아다니며 "초콜릿! 초콜릿!"을 외치는 배고픈 아이들이 생겼다. 국민 전체가 거리를 떠도는 부랑아가 된 것이다. 그러나 일본은 이 와중에 무기를 팔아넘겨 부자가 되었다.

전쟁은 성경 말씀대로 "물고 뜯는 자는 반드시 같이 망한다."

그러므로 '차라리 전쟁하자'처럼 어리석은 말이 없다. 절대 해서는 안 되는 말인 것이다.

남한과 북한의 화해는 기도 운동 외에는 길이 없다. 분노하는 에서의 마음을 돌려놓은 것은 얍복 강가에서 밤을 새워 씨름한 야곱의 기도 덕분이었다. 야곱의 간절한 기도가 하나님의 얼굴을 보는 브니엘의 승리를 가져다준 것이다. 그 브니엘에서 하나님은 야곱을 축복하시고 에서의 냉정한 마음을 녹이셨다.

남북의 통일 운동은 기도 운동이어야 한다. 먼저 얍복 강가에서 씨름을 하듯 회개기도를 해야 한다. 이 기도를 앞장서서 감당할 이는 해외에 흩어진 디아스포라 한인교회들이다. 한인교회가 민족의 화해와 용서를 위한 불쏘시개가 되어야 한다. 야곱이 마음을 비우고 형 에서를 만났을 때 극적 화해가 이루어진 것처럼 우리도 마음을 비울 때 하나님께서 우리 민족을 화해시키실 것이다.

동독과 서독의 통일을 앞당긴 것은 니콜라이 교회에서 시작된 평화의 기도회 기도의 물결이었다. 교회들이 모일 때마다 눈물로 간절히 기도할 때 하나님은 두 나라를 극적으로 화해시키실 것이다.

세상은 결코 좋아지지 않을 것이다.

유토피아도 오지 않을 것이다.

그러나 하나님은 복음과 영성으로 무장된

이 시대의 진실된 남은 자들을 통해

세상을 변혁시켜 가실 것이다.

chapter 2

중독의
위기에서
깨어나라

중독에 빠진 현대인들

버스를 타든 지하철을 타든 요즘 사람들은 옆 사람도 쳐다보지 않는다. 오로지 한 손에 스마트폰을 들고 거기에만 집중한다. 심지어 연인끼리도 마주앉아 각자 스마트폰 삼매경에 빠져 있다. 나도 예외가 아니어서 스마트폰에 할애하는 시간이 이전보다 훨씬 많아졌다. 이러다 중독이 되지 않을까 심히 염려된다.

최근 어느 신문은 한국이 알코올, 도박, 인터넷 게임, 마약 등 4대 중독에 빠져 있다고 보도했다. 이로 인한 사회적 손실이 연간 109조 원이 넘는다고 했다. 아들은 인터넷 게임에 빠져 있고, 아버지는 알코올에 빠져 있는 가정, 과연 종말의 징후가 아니겠는가.

서울의 한 여고 교사가 아침마다 학생들과 휴대폰 반납을 두고 실랑이를 벌인다는 기사도 보았다. 35명의 반 학생 중 30명이 스마트폰이 있지만 이를 반납하는 학생은 고작 5~6명에 불과하다는 것이다. 1~2시간만 스마트폰을 압수해도 학생들의 눈이 풀리고 멍해지는 현상이 나타난다고 한다. 또 인터넷 게임 중독에 빠진 아빠가 생후 26개월 된 아들을 아무도 없는 집에 방치해서 숨지게 한 사건도 있었다. 중학생 자녀를 둔 어느 부모는 아이가 지나치게 스마트폰을 해서 빼앗았다가 아이가 대성통곡을 한 끝에 경련을 일으켜 119구급차를 불러야 했다고 한다.

스마트폰 중독은 오늘날 자녀는 물론 어른들까지 위협하는 가장 큰 위험 중 하나가 되었다. 중독이란 한 가지 일만 반복적으로 하는 행동이나 충동을 가리킨다. 중독에는 여러 가지가 있다. 음란, 도박, 알코올, 니코틴, 약물, 포르노, 게임, 마약… 그밖에 일이나 걱정, 드라마 등에 지나치게 집중하는 것도 중독의 일종이다. 하나님 외에 맹목적으로 빠져드는 모든 것이 중독인 것이다.

중독이 무서운 이유는, 그것을 하지 못했을 때 그의 정신이나 육체가 정상적인 기능을 하지 못한다는 데 있다. 게임 중독에 빠진 아이들은 학업 부진이 일어난다. 더 심하면 잠도 자지 않고 제대로 먹지도 않는다. 심지어 목숨을 잃는 경우도 있다.

인간의 비극은 잘못된 것을 사랑하거나 올바른 것이라도 균형을 잃고 지나치게 집착할 때 일어난다. 탐욕에 빠진 인간은 하나님과 영적으로 단절되어 버린다. 하나님과 단절된 인간은 탐욕이 가져오는 파괴력에 무기력하게 당하며 노예처럼 끌려다닌다. 비극적인 삶을 살아가는 것이다.

많은 미국인이 마약 중독에 빠져 인생이 피폐해지고 있다. 미국은 앞으로 이 마약으로 인해 국가 경쟁력이 크게 떨어질 것이다. 아울러 알코올중독에 걸린 인구는 2천만 명이 넘을 것으로 추정된다. 중독은 개인뿐 아니라 사회와 국가까지 무너지게 만드는 무서운 사회악이다.

그러나 처음부터 중독이 되는 일은 없다. 서서히 그 대상에 익숙해지다가 그것을 위해 다른 모든 것을 용인하게 되면서 중독되고 만다. 처음엔 그 대상에 지나치게 시간을 할애하는 것에 대해 죄책감을 느끼지만 시간이 지날수록 합리화하게 되고 나중에는 죄책감조차 사라진다. 그러다 가족과 이웃과도 단절된 채 거기에 완전히 의존하게 되면 더 이상 빠져나올 수 없는 상태가 되고 만다.

하나님은 우리를 관계적인 존재로 창조하셨다. 하나님과 타인과 관계하며 살아가도록 창조하신 것이다. 관계성에 충실한 사람은 하나님의 형상을 회복해 간다.

요즘엔 중독이 아니라도 관계성을 회복하기 어려운 구조가 되어 버렸다. 인터넷이라는 가상공간에 자신을 가두어 버리기 때문이다. 현실 세계에서 상처를 주고받는 관계의 피곤함을 피해 가상 공간으로 도망쳐서 거기서 친구를 만들고 교류를 한다. 하지만 가상공간에서 교류하는 친구가 아무리 많아도 외로움과 결핍은 해소되지 않는다. 오히려 그럴수록 더 강력해진다. 현실 세계와 화해하지 않는 가상 세계는 또 다른 중독이 될 수 있다.

세상은 이 세상에 있는 것, 내 눈에 보이는 것이 전부라고 말한다. 더 자극적이고 더 짜릿한 영상과 게임에 몰두할 것을 독려한다. 부와 명예가 인생의 목표라고 주장한다. 쾌락을 극대화하고 고통을 극소화하는 삶을 유능하다고 극찬한다.

"역사의 연구는 잔인하리만큼 시간 자체다. 오늘 선풍적인 인기를 끌어도 내일이면 구닥다리가 되고 만다. 오늘 베스트셀러라도 내일 외면당한다. 세상의 가치는 이처럼 한시적이며, 그것은 인정, 인기, 지위, 권력을 향유하라고 유혹한다."

역사학자 폴 존슨(Paul Johnson)의 통찰이다. 그래서 성경은 세상 것은 공허하며 어리석고 착각에 지나지 않는다고 말한다. 그럼에도 다행인 것은 하나님께서 우리 각자에게 영원을 사모하는 마음을 주셨다는 사실이다. 성경적 가치는 세상의 가치와 달리 하나님을 아는 것이 가장 고상한 기쁨이라고 말한다. 하나님만이 진정한 기쁨의 원천이라고 말한다.

중독은 정신과 육체의 건강을 해칠 뿐 아니라 영적 타락을 가져온다. 오늘날 이 사회를 어떻게 진단하고 어떻게 목회적으로 바르게 지도해 나갈 것인가? 모든 목회자들의 치열한 고민과 기도 제목이 아닐 수 없다. 전 성도가 경계심을 가지고 우리 자신을 기계 문명의 중독으로부터 구원받도록 모색해야 한다.

새벽기도마다 우리는 지난날 모든 정욕과 욕심 그리고 탐욕을 십자가에 못 박은 인생임을 묵상하게 된다. 오늘날 이 엄청난 중독 만연의 세상을 이길 힘은 성령과 십자가의 능력임을 깨닫게 된다. 그렇다면 더욱더 말씀과 기도로 인한 절제의 영성을 길러야 한다.

절제의 영성만이 살 길이다

요즘 인터넷 신문을 열어 보기가 겁난다. 아동 성추행범에 대한 기사 옆에 성적 자극을 일삼는 광고를 도배해 놓는데 아무리 좋게 생각하려 해도 이해할 수가 없다. 바른 정보를 제공해 사회가 왜곡되지 않도록 이끌어 가야 할 언론이 오히려 선정적인 광고로 대중을 현혹하고 있으니 개탄스럽다. 더구나 신문사의 기사는 어린아이들도 접근할 수 있다. 교육적으로도 말이 안 된다.

누구나 접근할 수 있는 언론 기사에 강력하게 유혹하는 광고를 실어 놓고선 죄악에 빠지지 말라고 하는 것은 어불성설이다.

강렬한 자극과 유혹의 시대에 분별력이 없는 청소년들과 훈련되지 않은 현대인들이 은밀한 죄악의 희생자가 되고 있다. 그들은 이 자극의 공세를 견디어 낼 만한 영성이 없기 때문이다. 그러므로 요즘 같은 고도의 디지털 시대에는 강력한 아날로그적인 영성 훈련이 필요하다. 묵상의 영성, 침묵의 영성, 독거의 영성, 금식의 영성, 미디어 금식 등이 필요하다. 현대인들이 자기 내면에 일어나는 영혼의 치열한 싸움과 이겨 낼 은혜의 도구들을 하나님께서 우리에게 허락하셨다.

요즘과 같이 유혹이 다발적이고 상시적으로 일어나는 시대에는 비상한 영성이 필요하다. 그러한 영성은 훈련을 통해 길러진다. 영성 훈련은 그 자체가 은혜는 아니다. 그러나 그 자리로 나아가면 하나님의 은혜와 조우한다. 하나님의 은혜가 그 영성의 수로를 따라 흘러 어느 날 문득 하나님과 조우하게 되는 것이다. 그래서 새벽을 깨워 영성의 자리로 나아온 성도들을 보면 눈시울이 뜨거워진다. 낮 동안 세상 가운데 나가 죽을힘을 다해 일하다가 단잠을 깨워 나왔으니 짠하고도 고마워서 그렇다. 이렇게 영성 훈련을 한 사람들은 그 영적 내공이 깊고 견고하다. 어떠한 유혹에도 흔들리지 않는 마음의 힘이 있다.

모든 것이 마음에 달려 있다. 안팎으로 혼란한 시절이라도 내 마음 하나 굳게 잡고 인내하면 견딜 만하다. 그러나 흔들리는 마음, 분열되는 마음으로는 지금의 어려움을 이겨 내기가 쉽지 않다. 지금이야말로 영적 비상 사태를 선포해야 하는 때가 아닌가 한다.

여기저기서 기상이변이 속출하고 도처에 지진이 일어나고 보복 테러가 일어나고⋯ 뉴스를 보면 기쁜 소식은 없고 무겁고 어두운 소식 일색이다. 이런 때일수록 믿음의 줄을 견고히 잡아야 한다. 기도의 줄을 세차게 잡아야 한다. 위를 바라볼 때만이 길이 열린다. 현실의 유혹과 혼란이 가중될수록 영성의 사람으로 훈련되어야 한다.

chapter 3

영성 훈련이
위기를
이긴다

오늘날 지구촌은 시시각각 변화되고 있다. 급속한 변화는 우리 삶의 지형을 완전히 바꿔 놓고 있다. 이제 오프라인이 아닌 온라인 상에서 더 많은 물건을 구입하고 전 세계인이 교류하고 있다. 사람들은 온라인에서 낙태와 피임, 동성결혼 등에 대해 뜨겁게 논쟁한다. 인터넷은 현재 가공할 만한 힘으로 세계를 하나로 묶고 있다. 기술과 문화, 관습 등도 예외가 아니다.

여기서 우리는 크리스천으로서 세계의 변화를 어떻게 받아들이고 이해할 것인가 하는 질문을 하게 된다. 어떤 총체적인 큰 흐름에 무기력하게 떠밀려 가도 괜찮은지 짚어 볼 필요가 있다.

세계를 장악한 자본주의는 기술주의와 결합해 인간조차 돈과 기술력으로 판단하려 든다. 인간을 하나님의 창조물로 보는 것이 아니라 자본주의의 산물로 여기려 드는 것이다. 이는 시시각각 발달하는 과학과 기술에 비해 우리 삶을 조정하고 화합하게 만드는 도덕성이 오히려 후퇴하고 있음을 의미한다. 가정이 붕괴되고 자살이 심각한 사회문제가 되고 빈익빈 부익부가 심화되고 생명 경시 현상이 날로 심각한 문제를 일으키는 등 도덕성의 후퇴가 가져오는 폐해는 이미 우리 사회를 혼란으로 내몰고 있다.

혼란스럽기는 교회도 마찬가지다. 세속주의와 종교 다원주의가 기승을 부리고 온갖 이단이 일어나 사람들을 미혹하고 있다.

나는 디지털 기술의 특징을 크게 '빠른 속도'와 '배려의 실종'이라고 생각한다. 스마트폰의 빠른 속도에 길들여진 사람들은 식당에 가거나 운전을 하는 중에도 빠르지 않으면 화를 낸다. 남의 입장을 생각하고 배려하는 마음이 실종되고 있다. 더구나 검색만 하면 모르는 것을 알려 주니 깊이 사유하는 시간이나 태도도 잃어버렸다.

교회는 세상과는 다른 방향을 향한다. 교회는 모이는 것이 중요한 곳이다. 가상이 아닌 현실에서 만나고 교류하며 하나님의 역동이 일어나야 하는 곳이다. 세상 기준이 아니라 하나님 말씀을 기준 삼는 곳이다. '빨리' 속도 내기보다 깊이 묵상함으로 하나님의 음성을 들어야 하는 곳이다.

인간답게 사는 유일한 길은 믿음을 갖는 것이다. 하나님을 향한 믿음만이 세상의 물결을 거스를 수 있다.

성령 충만함을 간절히 추구하는 삶

얼마 전 성령강림주일을 맞아 나는 교인들에게 성령의 강림을 상징하는 빨간색 넥타이나 블라우스를 입고 오라고 했다. 그 주일 교회엔 빨간색 물결이 흘러 다녔다.

그런데 많은 사람들이 성령에 대해 오해하는 것 같다. 이상한 주문을 외우듯 성령의 임재를 요청하는 교인이 있는가 하면, 이런 열광을 못마땅하게 여기며 강하게 반발하는 교인이 있다. 자신의 지성으로 성령을 재단하려는 사람도 있다.

교회의 입장도 교인의 반응과 크게 다르지 않다. 성령 운동에 대해서 경계하고 나아가 이단시하는 교회가 있는가 하면, 어떤 교회는 성령 체험을 못하게 압박하기도 한다.

성령은 삼위의 한 위격으로 하나님이시다. 교회는 성령의 역사에 대해 겸허해야 한다. 교회는 교인들이 삶에서 체험하는 성령에 대해 귀 기울이고 말씀으로 잘 정리해 줄 책임이 있다. 그러려면 목회자가 먼저 교인들이 증언하는 성령 체험을 이해할 수 있어야 한다.

그리스도께서 우리를 위하여 저주를 받은 바 되사 율법의 저
주에서 우리를 속량하셨으니 기록된 바 나무에 달린 자마다
저주 아래에 있는 자라 하였음이라 이는 그리스도 예수 안에
서 아브라함의 복이 이방인에게 미치게 하고 또 우리로 하
여금 믿음으로 말미암아 성령의 약속을 받게 하려 함이라 (갈
3:13-14)

성령은 예수님의 십자가로 말미암은 선물이다. 따라서 성령의
중요한 사역은 그리스도를 증거하는 것이다. 성령은 그리스도의
고난과 죽음, 부활과 승천을 집중적으로 조명한다. 모든 심령을 진
리 가운데로 인도한다. 거듭남과 새로워짐, 성화는 성령의 임재 가
운데 일어난다.

성령이 충만히 임하면 하나님과 깊은 교감이 이루어진다. 말씀
과 기도, 찬양 가운데 성령의 충만함을 경험하게 된다. 성령이 충만
하면 거룩한 삶을 살아갈 능력이 생긴다.

음주와 도박, 흡연과 같이 불건전한 습관에서 벗어날 길은 성
령의 은혜를 덧입는 것 외에는 없다. 성령이 충만하면 더 이상 세
상에 얽매이지 않게 된다. 더 이상 열등감, 우울증, 좌절감으로 고
통스럽지 않게 된다. 의지가 약하던 사람이 강력한 생의 의지를 갖
게 되고, 불안과 근심에 싸여 살던 사람이 마음의 평안을 느끼며

살아간다.

성령 충만을 사모하는 교회는 하나님의 능력이 임한다. 비전의 교회가 되고 말씀의 능력이 역사한다. 죄를 돌이켜 새 인생으로 거듭나는 사람들로 넘쳐 난다. 하나님의 치유 능력이 임하고, 헌신자들과 사명자들이 나타난다. 선교하는 교회가 된다.

그러므로 교회는 성령의 은혜를 사모해야 한다. 성도들이 바른 성령론을 가지고 역동적인 신앙생활을 하도록 도와야 한다.

그러나 지나친 성령 체험만 강조하면 말씀과 불균형이 일어나 위험한 신앙이 될 수 있다. 성령 체험을 절대화하면 고린도교회가 겪은 분파주의로 골머리를 앓을 수 있다. 그러면 교회가 가져야 할 공동체성이 훼손된다. 말씀과 성령의 전인적인 조화가 반드시 필요한 것이다. 그러려면 성도들의 성령 체험을 영적으로 잘 인도해 주고 이해해 줄 수 있는 영적 사역 구조가 필요하다. 아울러 이 성령의 은혜를 교회 공동체에 유익을 줄 수 있는 방향으로 사용하도록 깊은 영성의 교역자들과 지도자들을 훈련시켜야 한다.

위기와 성령 충만

사도행전은 복음 전도자들이 온갖 종류의 위기와 핍박을 어떻게 극복했는가를 보여 주는 일종의 위기 지침서다. 나는 늘 사도행전을 가까이하는데, 특히 선교지를 방문할 때면 묵상한다. 사도행전을 통하여 얻게 되는 지혜들은 놀랍기만 하다.

사도행전의 키워드는 세 가지다. 첫째, 하나님 나라다. 둘째, 성령이다. 셋째, 선교다. 그러므로 사도행전은 복음과 하나님 나라, 선교 그리고 이 모든 것을 움직이는 원동력이 되는 성령에 관한 책이다. 복음이 선포되고 증거되는 곳마다 믿는 자들이 탄생하고 교회가 세워지며 그로 인해 복음의 역사가 쓰였다. 복음 전도자들은 박해와 환난을 받았지만 위기 가운데 성령의 능력으로 하나님 나라를 확장시켰다. 오늘도 사도행전 29장의 역사는 복음과 성령과 선교를 통해 계속되고 있다.

사도행전은 무엇보다도 성령행전이다. 오순절에 약속하신 성령을 받은 제자들은 권능을 받고 예루살렘과 온 유대와 사마리아와 땅 끝까지 이르러 증인이 되었다. 그러나 그 과정에서 온갖 위기와 고난 그리고 역경이 몰아쳤다. 이때 주도적이며 주권적인 역할을 감당하시는 분이 바로 성령이다. 그래서 사도행전을 성령행전이라고 부르는 것이다.

우리에게 위기, 갈등, 시험이 찾아왔다면 하나님께 겸손히 나아가야 한다. 우리의 무능함을 하나님께 고백해야 한다. 나의 영적 가난함과 파산을 고백해야 한다. 성령을 기다리며 낮아지는 시간을 보내야 한다. 그러한 때에 하나님은 성령으로 우리에게 찾아오신다. 하나님은 때가 되면 반드시 능력 있게 역사하신다. 그 능력을 받고 나면 우리는 전혀 다른 사람으로 사역하게 된다.

미국 사우스캐롤라이나 주 샬롯에는 엘리베이션 교회가 있다. 그 교회는 단 5명의 가족으로 시작되었다. 나도 개척교회를 해 보았지만 한 달 두 달이 지나도 새가족이 오지 않을 때 얼마나 애간장이 타고 절망이 되는지 모른다. 그러다 한 가정이 오면 그렇게 기쁠 수가 없다. 그날 설교는 하늘에서 불이 떨어진다. 한 교회의 성장도 그렇고 한 가정의 변화도 그렇고 기다려야 한다.

엘리베이션 교회는 개척한 지 6년 만에 1만 명이 모이는 대형 교회가 되었다. 성령의 임하심이 아니고서는 그런 역사가 나타나지 못한다. 담대한 믿음으로 기다렸던 그 교회에 하늘에서 불이 임한 것이다.

초대교회에도 불이 임했다. 예루살렘을 떠나지 말고 기다리라는 주님의 말씀을 붙들고 10일 동안 간절히 기도한 120명의 제자와 성도들에게 성령이 불같이 임했다. 우리도 약속하신 말씀을 믿고 하나님의 성령을 기다려야 한다. 세상에 마음을 빼앗기지 않고 기다리고 소망하며 간절히 기도하는 가운데 성령이 임할 것이다.

나는 한때 내 힘으로 목회를 한 적이 있다. 그때 너무나 고통스러웠다. 어느 날 나의 부족을 기도 가운데 깨닫고 성령을 사모하게 되었다. 인내하며 기다리는 가운데 성령이 홀연히 내게 임하였다.

그때부터 새로운 목회 지평이 펼쳐졌다.

모든 사역자는 성령 충만해야 한다. 하나님의 일을 하면서 아무 준비 없이 달려가는 것은 잘못된 일이다. 하나님의 인도를 받지 않고 자기 경험과 실력만 믿고 서두르면 선한 열매를 맺을 수 없다. 영에 속한 일은 언제나 영으로만 분별된다. 기도하지 않고 영적인 일을 감당할 수 없는 것이다. 성령의 능력을 힘입지 않고서는 영에 속한 일을 감당할 수 없다.

종종 소그룹 지도자들이 내게 와서 "목사님, 힘들어요. 저 좀 쉬겠습니다. 목사님, 저는 리더 체질이 아닌가 봐요"라고 한다. 그러면 나는 이렇게 충고한다.

"집사님, 조금만 붙잡고 씨름해 봐요. 그리고 집사님의 힘으로 해 보겠다는 인간적인 생각을 포기하세요. 내가 할 수 있다는 생각은 포기하셔야 해요. 성령의 힘으로 사역해야 합니다."

소그룹 지도자들은 아직 훈련 과정에 있기에 그 의미를 잘 이해하지 못한다. 그러다 몇 번 죽음을 오가는 영적 기로에서 방황하다가 문득 깨닫게 된다. 그리고 목에 힘을 빼고 성령의 새로운 힘을 받아 사역에 임하면 새로운 리더십의 지경이 펼쳐진다.

성령 충만을 받으면 강력한 복음의 증인이 된다. 증인이란 원래 재판정에 나가 자기가 보고 들은 사실을 말하는 사람이라는 의미다. 헬라어로는 '마르투스'라고 한다. 죽음으로 증거를 말하는 사람이다. 자기가 보고 들은 것에 대하여 생명을 걸고 증거하는 사람이라는 뜻이다.

죄의식과 정신적 갈등, 긴장과 의심, 두려움 때문에 방황하는 사람에게 성령이 임하면 그 문제들은 참된 자유와 평안, 확신으로 바뀐다. 죽음의 공포 때문에 늘 긴장하는 사람도 성령이 임하면 놀라운 쉼과 안식을 얻는다. 악한 습관의 노예가 되었던 사람도 성령이 임하면 해방되어 참된 자유를 누리게 된다. 그것이 성령의 약속이다.

또 성령이 임하면 권능을 받게 된다. 권능은 헬라어로 '두나미스'로, 천지를 창조하신 능력이라는 의미다. 천둥과 번개를 발하는 힘을 말한다. 기적을 이루는 힘과 귀신을 내어 쫓는 능력이다. 이 권능을 받으면 죄와 사탄의 세력과 육신과 세상을 이길 힘을 수여받게 된다. 무엇보다도 복음을 역동적으로 전할 능력이 생긴다. 성령의 능력은 이렇듯 사람을 안팎으로 변화시킨다. 또 성령의 능력은 용기, 담대함, 확신 등의 태도로 변화시킨다. 오합지졸의 제자들이 성령의 능력을 받자 순교도 두려워하지 않는 증인이 되지 않았는가.

성령 충만하면 평범한 크리스천들이 어떠한 죽음과 위협도 두려워하지 않는 강력한 선교의 증인, 복음의 증인이 된다.

디지털 시대에 영성을 날카롭게 하라

아날로그 기술은 음이나 빛의 변화를 전기적인 변화로 바꾸어 연속적인 파형으로 보낸다. 반면에 디지털은 시간을 아주 잘게 분할하여 그 진폭의 상태를 이진수인 0과 1이라는 숫자의 조합으로 처리한다. 시간과 양이 극소화된 기호로 바뀌는 디지털에서는 상상할 수 없는 많은 정보가 정확하게 생성, 변형, 복제, 전달된다. 그래서 오늘날을 '디지털 시대'라고 부른다.

얼마 전 텍사스 오스틴에 세미나를 갔다가 한국 모 기업의 반도체 회사를 방문하게 되었다. 수천 명의 종업원들이 일하는 그 넓은 부지에 태극기가 자랑스럽게 펄럭이는 모습을 보자니 감격스러웠다. 반도체는 디지털의 첨단일 것이다. 그렇게 작은 물체에 다양하고 수많은 정보를 담아 첨단 제품에 사용하고 있으니 말이다.

디지털 시대는 한마디로 현란한 영상의 시대다. PDA, 스마트폰, MP3, 무선 인터넷 등 하루가 다르게 새로운 기술을 입고 제품이 출시되고 있다. 그런데 이것들은 모두 그림이 없는 문자를 거부한다. 이미 문자는 그림을 설명하는 주변이 되었다.

교회는 단 한 번의 클릭으로 엄청난 정보를 이용하는 웹 세대를 제대로 이해해야 한다. 교회가 그들의 정서를 이해하지 못하면 그들을 복음화하기는 어렵다.

디지털 시대의 가장 두드러진 특징은 속도와 변화와 파트너십이다. 디지털 시대에는 익숙한 것, 일상의 것을 끊임없이 배반해야 한다. 그래야 변화의 속도에 발맞출 수 있다. 신속하게 판단하고 행동해야 한다. 생각하고 행동하면 이미 늦다. 행동하면서 생각하는 식의 과단성이 필요하다. 인적 네트워크를 구축하고 전략적 제휴를 해야 한다. 아울러 디지털 시대에는 집중력이 미래의 승부를 가른다.

디지털 시대에는 영성의 삶을 살기가 쉽지 않다. 무엇보다 현란하고 자극적이며 고도로 발달된 영상물과 이미지, 오락이 우리 삶을 현혹한다. 그런 까닭에 교회가 이것들보다 더 매력적이지 않으면 현대인의 시선을 물질에서 영성으로 옮겨 오기 힘들다.

어쩌면 현대인들에겐 오히려 단순히 기도하고 깊이 묵상하며 소박하게 대화하는 사색적인 삶이 더 매력적일 수 있다. 침몰해 가는 현대인들의 의식에 평형을 주는 영성이야말로 우리 크리스천들에게 이 시대가 요청하는 과제라고 확신한다.

영성 훈련은 시대적 사명이다

심리학자들에 의하면, 사람들을 많이 상대해야 하는 직업군에 속한 사람들은 마음 관리를 철저히 해야 한다고 한다. 늘 힘든 사람들을 대하다 보니 자기도 모르게 감정의 탈진 상태에 이르러 정작 자신의 마음을 황폐화시킬 수 있기 때문이다. 이들은 삶에 지친 나머지 즐거운 것을 보아도 웃음이 나오지 않고, 슬픈 것을 보아도 잘 울지 않게 된다고 한다.

요즘은 중년의 위기도 만만찮은 것 같다. 어떤 심리학자는 35~55세의 80퍼센트가 위기감을 경험하고 있다고 진단한다.

경제 위기가 장기화되면서 우울증을 앓다 스스로 목숨을 끊는 중년이 있는가 하면, 그 괴로움을 외도와 환락으로 소진하는 중년도 있다. 모두 인생의 위기를 겪고 있는 것이다.

크리스천이라고 중년을 건너뛸 수 없고 경제 위기를 빠져나갈 수도 없다. 이런 때 우리는 우리 자신을 어떻게 지켜 나갈 것인가?

> 모든 지킬 만한 것 중에 더욱 네 마음을 지키라 생명의 근원이 이에서 남이니라 (잠 4:23)

내 마음, 내 영혼을 지키는 것이 중요하다. 거기에서 생명의 힘이 흘러나오기 때문이다. 마음을 어떻게 지키는가? 훈련하는 수밖에 없다.

영혼 하면 흔히 실체가 없는 것으로 이해한다. 그러나 성경은 영혼은 우리 내면에 존재하는 가장 실제적인 부분이라고 말한다. 영혼은 하나님이 우리를 빚으시기 이전부터 존재했다. 우리의 육신은 흙으로 왔다가 흙으로 돌아가지만, 영혼은 하나님께 돌아간다. 영혼은 우리가 일생을 통해 이루는 성공과 부, 외모를 초월해서 존재하는 영성 그 자체다.

이 영혼을 훈련하는 길은 오로지 하나님께 나아가는 것뿐이다. 하나님께 나아갈 때는 고독과 침묵 가운데 내 내면의 진실한 모습을 정직하게 바라보아야 한다. 그리스도께서 우리 내면에 거하시도록 마음을 열고 초대해야 한다. 참된 진리의 모습으로 다가오시는 하나님의 고요하고 세밀한 음성에 귀를 기울여야 한다. 우리는 어떤 일이 있어도 영적 구도자의 자세를 잃어서는 안 된다.

이 영성 훈련에 가장 큰 걸림돌은 분주함이다. 분주함은 우리의 시간과 정성과 열심을 당면한 일에 몰두하게 만든다. 하나님 앞으로 나아가는 그 시간에 당장 눈에 보이고 닥친 일에 몰두하게 만드는 것이다. 그렇다 보면 영성 훈련을 등한시하게 된다. 그래서 영성 훈련은 내 시간을 강제로 떼어 내 침묵하고 묵상하고 고독한 것에 던져야 하므로 자연스런 습득일 수 없다. 훈련일 수밖에 없는 것이다.

-
Part **4**
-

사역의 지경을
넓히라

chapter 1

새로운 시대의
대안,
시니어 목회

100세 시대라고들 한다. 수명이 늘어난 만큼 노인 인구가 많아졌다. 은퇴 이후의 삶을 어떻게 살아야 하는가가 전 세계의 화두가 되었다. 미국의 한인 교포들도 본격적인 은퇴 시기를 맞이하게 되었다. 1970년대부터 봇물 터지듯이 시작한 미국 이민 열풍으로 이 땅에 발을 디뎠던 수많은 한인들이 이제 속속 은퇴하고 있는 실정이다. 오랫동안 살던 정든 곳을 떠나 제2의 삶을 찾아 이주하는 현상이 미주 사회에서 일어나고 있다.

점점 늘어나는 새로운 시니어 세대들을 섬기고 그들이 제2의 사역을 할 수 있도록 현장을 마련하는 것이 교회의 새로운 과제가 되었다.

내가 섬기는 아틀란타연합장로교회 역시 매 주일 예배에 참석하는 65세 이상의 시니어 숫자가 450여 명에 달한다. 특히 애틀랜타 지역은 온화한 기후와 안정된 물가 체계 그리고 현대식 한국 상권이 형성되면서 은퇴자들이 선호하는 주거 지역으로 소문이 나 있다. 이에 시니어들이 계속 모여들고 있다.

우리 교회에서는 이런 현상을 예측하여 4년 전에 시니어 사역을 전담하는 '시니어사역위원회'를 두고 시니어 전문 교역자 양성과 함께 체계적인 시니어 사역 체계를 마련하였다.

시니어들은 노후에도 더욱 성숙해지는 주님의 제자가 되어야 한다. 따라서 소일거리나 마련해 드리고 시니어 돌봄 수준의 케어링 센터로 머물러서는 안 된다. 시니어들이 독립된 사역 영역을 개발하고 전문화된 사역까지 할 수 있도록 나아가야 한다. 우리 교회에서는 이에 네 가지 선교적 사역 목표를 설정하였는데, '기도하는 시니어, 선교하는 시니어, 배려하는 시니어, 봉사하는 시니어'가 되자는 것이다.

심리학자 칼 융(Carl Jung)은 인생 발달 단계론을 통해서 노년의 시기를 '의미'를 추구하고 완성하는 단계로 특징짓고 있다. 의미 있는 일을 추구하며 사는 것이 노년기의 활동 목표가 되어야 한다는 것이다. 그런 점에서 남을 위해 사역하고, 선교하고, 기도하고, 배려하는 일들만큼 의미 있는 일이 또 어디에 있겠는가?

처음에는 시니어들의 반감도 적지 않았다. 칠십이 훌쩍 넘어 이제 대접받으며 살려 했는데, "남을 위해 더 배려하고 기도하고 봉사하고 선교하는 삶을 삽시다"고 하니 은근히 못마땅해 하는 눈치였다. 그러나 이것이 하나님이 기뻐하시고 의미 있는 일이며 우리 교회가 추구하는 새로운 시니어의 자아상임을 수년 동안 강조했다. 그러자 마침내 체질적인 변화가 일어나게 되었다.

시니어 사역 중 하나로 애틀랜타 다운타운의 노숙자를 위한 사역팀이 있다. 이 사역을 시작하게 된 동기는 이렇다.

어느 날 한 권사님이 시니어사역위원회를 찾아오셨다. 한 달에 한 번은 할 수 있겠다며 자비를 들여 150인분의 치킨수프와 샐러드를 만들겠다고 하신 것이다. 이를 계기로 다운타운 노숙자들에게 매운 맛의 김치까지 곁들여 밥퍼 봉사를 하는데, 권사님은 나를 볼 때마다 김치의 인기가 그만이라며 웃으신다.

또, 매주 월요일 아침이면 시니어 클리닝 봉사팀을 이끄는 시니어 집사들이 교회 곳곳을 청소한다. 사실 주일 하루 동안 우리 교회에는 많은 식구들이 지나간다. 적지 않은 교인들이 사용한 식당과 화장실 그리고 교실을 정리하는 일을 교회 유급 직원 한두 명이 감당하기에는 너무 벅차다. 이 일을 시니어 클리닝 봉사팀이 돕고 있는 것이다.

이렇게 시니어 봉사 영역이 늘더니 주일에 교회 곳곳을 섬기는 '시니어 안내 도우미' 팀이 결성되었다. 교회를 처음 방문한 사람들이 어디로 가야 할지 두리번거리는 모습을 보고 안타까운 마음에 결성된 팀이다. 찾아오는 분들이 자기들을 쉽게 발견하라고 카우보이 모자를 쓰고 녹색 조끼를 입고 출입구에서 사람들을 안내하고 계신다.

이렇듯 사역을 시작하고 시니어들이 보람을 느끼면 그 영역이 확장된다. 이제 우리 교회는 주차봉사도 시니어들이 하고 있다. 어느 교회나 주차 문제로 시시비비가 붙게 마련인데 연세 지긋한 분들이 주차 안내를 하니 운전자들이 자발적으로 순종하고 좀 더 조심하게 되었다.

시니어들의 봉사가 열매 맺어 이제는 한인교회의 울타리를 넘어 미국 주류 사회까지 그 영역을 확장하고 있다. 어느 장로님 한 분이 의미 있는 은퇴 생활을 놓고 기도하던 중 '한인 시니어 봉사단'을 창설하게 된 것이다. 한인 시니어 봉사단은 매달 격주로 독거노인들에게 드릴 도시락 포장 사역과 장애우 의료기기 재활용 사역에 참가하여 예수님의 사랑과 헌신을 전하고 있다. 이러한 한인교회의 봉사가 지역 사회로부터 대단히 긍정적인 평가를 받고 있다.

또한 해외 선교도 시작했는데, 특히 실로암 안경 사역 센터를 만들어 안경을 직접 만들어 코스타리카와 니카라과, 멕시코 등을 다니며 직접 선교하고 있다. 시니어들 특유의 섬세한 사랑과 돌봄으로 선교지에서 많은 현지인들에게 인기를 얻고 있다고 하니 시니어 사역의 영역은 넓고도 무궁하다.

고령화 사회는 단순히 물리적인 생명 연장의 시대가 아니다. 따라서 교회는 성도들이 가치 있고 의미 있는 노년을 보낼 수 있도록 새로운 사역 구조와 혁신적인 전략을 마련해야 한다. 청장년기가 자아 성취를 위해 사는 자기중심적인 시간이었다면, 노년기의 인생은 타인 중심의 인생을 살 수 있는 새로운 신앙의 훈련 시기다. 어쩌면 신앙적으로는 자신을 비우고 오직 주님께로만 향할 수 있는 가장 이상적인 시기가 될지도 모른다. 하나님과 이웃을 향한 신실하고 원숙한 사역자로 이끄는 봉사자의 삶이 교회마다 열매 맺길 간절히 소망한다.

chapter 2

변화하는
세상에 맞는
새로운 선교

교단 내 젊은 목회자들과 같이 '어떻게 이렇게 혼란한 시대에 교회가 계속해서 건강하게 성장하고 발전할 수 있을까' 하는 문제를 놓고 대화를 나누게 되었다. 그리고 선교적인 교회로 나아가는 길 외에는 바른 답이 없다는 결론을 내리게 되었다. 그런데 과연 선교적 교회란 무엇인가? 그 정의를 내리기가 쉽지 않다.

선교란 사실 교회의 본질이다. 선교는 교회 성장을 위해 존재하는 것도 아니고, 선교 사업을 위해 필요한 것도 아니다. 선교란 한마디로 하나님 아버지의 마음을 품는 것이다. 그 마음을 품고 거룩한 하나님의 백성으로서 정체성을 구현해 나가는 것이다.

하나님은 모든 지역 교회에 선교적 사명을 주셨다. 그러므로 선교를 어떤 프로그램이나 선교사 파송으로 이해하는 것은 선교의 본질과 거리가 먼 이해다.

나는 지난 10여 년간 선교 중심으로 교회 사역을 해왔다. 그 과정에서 시행착오도 겪었지만 나름대로 보람도 있었고 깨달은 바도 많다.

사실 목회자들은 정도에 차이는 있겠지만 선교에 대한 강박관념이 있는 것 같다. 특히 해외 선교를 하지 않으면 왠지 교회가 해이해진 게 아닌가 하는 죄책감마저 느낀다. 선교 사역을 하면서 선교 정신이 충만해지기는 하지만 선교하는 교회는 해외 선교 같은 행위가 아니라 교회 자체가 선교가 되는 교회다. 교인들이 선교의 삶을 살고 그런 정신으로 충만한 교회가 선교하는 교회다.

그런 점에서 선교의 지경을 넓히고 다각도에서 접근해야 한다. 최근에 선교하는 교회를 보면 선교를 지리적인 영역으로 구분하지 않는다. 선교의 지경이 해외뿐만 아니라 전방위적으로 넓어지고 있다. 차세대들에게 믿음을 전수하는 것도 선교이고, 불신자들에게 믿음을 심는 것도 선교다. 무엇보다 지역 사회의 선교가 중요해지고 있다. 해외 선교는 열심인데 지역 사회는 돌보지 않는다면 진정한 의미의 선교를 하고 있는 것이 아니다. 따라서 지역 사회의 성장과 성숙을 위해 교회가 구심점을 갖는 것이 오늘날 교회의 과제가 되었다. 선교적 교회는 복음을 통해 사회적 영향력을 확대하는 일에 힘써야 한다.

오늘날 교단은 관료화되고 제도화되어 자기 몸 하나 건사하기도 버거워 보인다. 하나님의 선교를 감당하는 개교회의 역동적인 사역을 돕고 그들과 협업하는 교단으로 환골탈태해야 한다.

오늘날 직면한 교회의 갱신과 선교적 과제는 과거의 패러다임으로는 해결할 수 없다. 교회는 새로운 선교의 다이내믹함, 목회와 선교가 어우러지는 역동성, 지역 교회로서 새로운 선교 비전 등의 과제를 안고 있다.

새로운 선교 과제들

2013년부터 한국에서 매년 '한민족 디아스포라 세계선교대회'가 열리고 있다. 지구촌 곳곳에 흩어져 살던 2천여 명의 한민족 디아스포라들이 모이는 자리다. 나 역시 31년 전 한국을 떠나 사는 디아스포라다. 가난하고 한 많던 우리 민족이 하나님의 경륜에 따라 전 세계로 나가 디아스포라의 역사를 써 내려가고 있다. 전 세계 6천 개에 이르는 이민교회에 750만이 넘는 한인 디아스포라를 포진시킨 하나님의 지혜가 놀랍기만 하다. 하나님은 한인 디아스포라를 통해 세계 선교의 전략적인 교두보를 만들고 계시다. 이에 따라 우리 민족의 DNA를 타 문화 선교 체질로 바꿔 놓고 계신다.

이것은 세계 어느 민족에게서도 찾아보기 힘든 모습이다.

한인 디아스포라의 선교적 잠재력은 놀랍다. 이미 디아스포라로 살고 있는 사람들을 동원하고 동력화하는 사역이 매우 활발하게 이루어지고 있다. 재외 동포 가운데 10~20퍼센트만 동원해도 75만에서 150만 명에 이른다. 이들은 이미 타 문화 적응 훈련이 끝난 상태다. 학력과 언어 구사력에서 탁월하고 따로 비자를 받거나 재정 후원을 받을 필요도 없다. 타 인종과 접촉한 경험도 있으니 이미 준비된 선교 인력인 것이다.

이제는 보다 차분하고 전략적인 한인 디아스포라 선교로 발전되어야 한다. 아울러 전 세계 교회와 적극 손잡고 동역해야 할 전환기를 맞고 있다.

어떤 선교학자는 디아스포라 선교를 '하나님의 모략'이라고 지칭한다. 오랜 기독교 역사 속에서 하나님이 각별히 의도한 선교 전략임을 의미한다.

하나님은 부흥하던 예루살렘 교회를 흩뜨려 놓으셨다. 그 뒤 제자들이 복음을 들고 사마리아와 유럽으로 다니며 하나님 나라를 확산시켜 나갔다. 오늘날 한인 디아스포라의 시대적 사명이 이와 같다.

한번은 필라델피아에서 열린 선교 컨퍼런스에 유럽의 한인 선교 학자들과 선교사들이 다수 참석한 적이 있다. 이들로부터 들은 유럽 교회의 현실은 너무나 암울했다. 그러나 반가운 소식은, 유럽 한인 디아스포라 교회들이 다시금 유럽을 복음화하고 있다는 것이었다. 그것은 선교의 총사령관이신 주님이 전 세계적인 네트워크를 만들어 선교적 시너지를 창출하기 원하신다는 방증이다.

이민 한인교회는 이 같은 비전의 통로가 되고 있다. 우리는 소수 민족으로서 우리가 겪은 경험을 가지고 타 민족의 소외된 자들과 공감하고 소통할 수 있다. 특히 현지 언어와 문화에 익숙한 2세, 3세들을 한인 사회 바깥에 있는 현지인들에게 복음을 전하는 선교사로 훈련하고 파송해야 한다. 하나님은 마지막 시대에 하나님 나라의 완성을 위해 많은 한인 2세와 3세를 준비하고 계시다. 이미 준비되어 헌신하는 자녀들을 보면 가슴이 뜨거워진다.

하나님은 한인 디아스포라를 통해 한인 사회와 한국만 축복하시려는 게 아니다. 전 세계 모든 민족을 축복하시려는 놀라운 비전에 우리를 부르신 것이다.

이외에도 남미에서 일어나고 있는 개신교의 부흥운동은 선교운동의 새로운 물결이 아닐 수 없다. 선교 판도를 새롭게 개편하시는 하나님의 계획이 속속 실체를 드러내고 있다.

한때 중국은 선교의 어장이었다. 수많은 선교사들이 중국을 향해 달려갔다. 그러나 지금은 중국에서 사역하던 적지 않은 선교사들이 동남아시아의 중국인 화교들에게 복음을 전하기 위해 달려가고 있다. 중국 선교가 그만큼 어려워졌기 때문이다. 중국 선교 전략이 보다 창의적으로 달라져야 할 것이다.

한편 IS의 발흥과 에볼라 바이러스의 창궐로 아프리카와 무슬림 지역의 선교 정책에 변화가 요구되고 있다. 지난날에 적합했던 선교 전략과 방식들이 이제는 현지 상황과 변화하는 선교 상황으로 인해 더 이상 합당하지 못한 옛날 모델이 되어 가고 있다. 시대가 요구하는 선교 전략을 다시 짜야 할 때인 것이다.

지난날의 선교는 전시행정적인 경향이 있었다. 현지 교회를 경쟁적으로 세워 나가는 데 사역이 집중되어 있었다. 그렇다 보니 선교 자원이 부족하기도 하고 선교사들이 잘 협력하지 않았다. 현지 목회자들의 교육 수준이 낮은 문제도 있었다. 이제는 현지 목회자들을 훈련하고 리더십을 개발하는 목양적인 선교가 요구된다. 또한 곳에 몰리는 선교가 아니라 철저히 미종족 선교로 방향을 바꾸어야 한다.

한국교회의 풍성한 영성 자원과 교회 개척 노하우를 선교지 상황과 문화에 맞게 재이식할 필요가 있다. 하나님께서 우리에게 공급하시는 지혜를 현재의 선교 상황에 긴급 수혈해야 한다.

선교적 교회로 전환하라

미국의 건강한 선교 네트워크인 킴넷(KIMNET)의 창립 10주년 선교대회에 참석했다. 미국에서 자생적인 한국계 선교 네트워크를 구축하는 일은 쉬운 게 아니다. 그런데도 킴넷은 창조적이고 주도적인 선교 단체로서 지난 10년간 생존했고 이제 또 다른 시대를 열어 가고 있으니 자랑스럽지 않을 수 없다.

오늘날 선교는 쉽지 않다. 계속된 경제 불황으로 선교지마다 재정적인 어려움에 시달리고 있다. 내 교회도 생존 모드로 살아가야 할 형편에 선교에 관심을 돌리기가 쉽지 않다. 더구나 기독교를 바라보는 세계의 시선은 호의적이지 않고, 무슬림 세력은 나날이 확장되고 있다. 현지 지도자 양성도 주춤하고 선교 현장 전문가들도 점점 사라지고 있다. 북미 교단들도 장기적이며 전문적인 선교 정책을 개발해 낼 여력이 없다.

하지만 선교학자 허버트 케인(Herbert Kane)의 말대로 오늘날 가장 부족한 것은 영적인 능력인지도 모른다. 수많은 문제와 어려움 그리고 현실의 한계에 부딪칠 때마다 무엇보다 성령의 도우심이 필요하기 때문이다. 선교는 인간의 일이 아니다. 선교는 하나님의 초자연적인 능력과 도우심 그리고 그분의 섭리 가운데 진행되는 하나님의 일이다. 선교 사역은 기독교 선교의 총사령관이신 성령의 능력과 임재 가운데 이뤄져야 한다.

아직도 복음을 듣지 못한 사람이 전 세계 인구의 36퍼센트에 이른다고 한다. 세계 복음화를 위한 주님의 지상 명령은 어떠한 형편에든지, 어떠한 환경적 어려움이 있든지 무조건 계속되어야 한다. 선교의 주인 되시는 성령의 역사는 지금도 계속되고 있다.

성령은 하나님의 약속의 성취다. 하나님은 약속하신 대로 예수 그리스도의 십자가 사건으로 인해 성령을 이 땅에 보내 주셨다. 그리고 주님은 땅 끝까지 복음을 전하라는 지상 명령을 주셨다. 그 모든 선교 사역을 할 때 위로부터 오는 능력을 덧입고 하라고 강권하셨다.

가장 원색적인 선교 사역이 펼쳐지고 있는 사도행전은 그러므로 성령의 행전이다. 강력한 능력의 근원 되시는 성령의 능력을 힘입은 선교가 파노라마처럼 펼쳐지고 있는 것이다.

성령은 지리적인 한계를 뛰어넘는 선교를 하게 하신다. 성령은 담대한 능력으로 주의 종들이 복음을 전하게 하신다. 많은 선교사들이 복음을 전하다 받는 잔인한 핍박도 인내하게 하신다. 성령은 종들을 특정 선교지로 섬세하게 인도하신다.

성령은 복음이 역동적으로 선포되고 교회들이 이를 위해 끊임없이 모여 기도하게 하시므로 어떠한 장애물도 돌파하게 하신다. 성령은 계속해서 사역자들에게 큰 영감을 주셔서 복음과 선교의 벅찬 비전과 메시지를 전파하게 하신다. 성령은 한계 상황을 만났을 때 신실하신 하나님의 자원들을 준비하고 계신다.

우리는 선교 현장에서 만나게 되는 모든 염려스런 상황들에도 사도행전을 읽으면서 용기와 희망을 얻을 수 있다. 우리는 오늘 맞닥뜨린 현실을 한탄만 해선 안 된다. 사도행전의 성령은 오늘도 여전히 살아 역사하신다. 그 성령을 힘입어 한계를 돌파하고 불가능을 가능으로 바꾸며 선교하는 교회로 진군해야 한다.

동유럽에 찾아온 선교적 도전과 기회

여름은 나의 사역도 잠시 숨을 돌리는 계절이다. 그래서 빈에서 열리는 동유럽 선교사 대회에 강사로 섬길 수 있었다.

1989년 베를린 장벽이 무너지면서 동유럽 선교의 문이 열렸다. 이때 동유럽 단기선교에 참여했다가 아예 장기 선교사로 짐을 푼 선교사들이 적지 않다. 그들이 바로 동유럽 선교 1세대다.

내가 참석한 동유럽 선교사 대회에는 200여 선교사 가정이 모였다. '오직 성령의 능력으로'라는 주제로 마음을 모으고 은혜를 나누었다. 선교사 자녀들의 구김살 없이 밝은 모습을 보면서 저들이야말로 동유럽 선교의 미래 일꾼이라 생각했다. 유창한 언어와 익숙한 문화적 소양을 가진 미래의 선교사들인 것이다. 나는 동유럽 선교에 대한 하나님의 새로운 경륜을 깨닫게 되었다.

동유럽은 2차 세계대전 이후 구소련에 편성되어 고난의 역사를 넘어왔다. 구소련은 비밀경찰을 동원하여 반대자들을 조직적으로 감시하고 위협했다. 사람들은 비밀경찰에 고발당할지도 모른다는 위협을 느끼며 서로를 불신했다.

교회는 공산당의 집중적인 감시와 탄압의 대상이 되었다. 하지만 이 고난의 세월에도 헌신된 주의 종들을 통해 성령의 역사가 나타났다. 루마니아에서는 복음과 성령 운동인 '주님의 군대 운동'이 일어나 공산 치하의 루마니아 사람들을 각성시켰다. 특히 전도자 요셉 트리파는 사재를 털어 성령 운동, 복음 운동에 전적으로 헌신했다. 그는 루마니아에 창궐한 영적 어두움을 이길 힘은 오직 복음이라고 확신했다. 그 결과 놀랍게도 수많은 교회들이 세워졌고, 주점들이 기도 모임 장소로 바뀌었다. 성령이 사람들과 사회를 변화시킨 것이다.

이후 구소련이 무너지면서 동유럽의 공산주의도 붕괴되기에 이르렀고, 이와 동시에 선교사들이 들어가 교회를 세우고 사람들을 회심시키고 있다.

동유럽은 20여 년 전만 해도 한국 사람들이 발을 들여놓을 수조차 없던 곳이었다. 헝가리, 체코, 슬로바키아, 폴란드, 루마니아, 몰도바, 불가리아, 우크라이나, 세르비아, 크로아티아, 알바니아, 코소보 등이 여기에 속한다. 사실 동유럽은 아프리카보다 더 먼 오지라는 표현이 적절한 것 같다. 선교적인 측면에서 동유럽은 그만큼 낯선 곳이다.

동유럽 국가들은 오랜 세월 동방정교회 또는 로마가톨릭을 국교로 삼고 있다. 하지만 대부분의 교인들은 입으로는 믿는다고 말하지만 하나님을 미신의 하나로 간주했다. 구원의 확신도 없이 의례적인 종교 행사에 참석할 따름이었다.

아울러 오랫동안 그들의 정신세계를 지배해 온 공산주의는 동유럽 사람들을 폐쇄적이고 비도덕적이며 잘못된 국가관을 가진 사람들로 만들었다. 그리고 공산주의의 급속한 붕괴 이후 이념의 공백이 생긴 이곳에 물질주의와 쾌락주의가 급속히 확산되고 있다. 상승하는 물가와 환율 등으로 경제적인 고통도 겪고 있다.

동유럽 사람들은 그들이 신봉한 공산주의가 몰락하자 그들 내면에 생긴 허탈함과 허전함을 메워 줄 대상을 찾고 있다. 영적 갈증 상태에 있는 것이다. 그런 점에서 지금은 동유럽 선교가 시급하다. 경제 위기와 정신적인 공황 상태에 있는 동유럽 사람들에게 지금 가장 필요한 것이 복음인 것이다.

동유럽은 서유럽에 비해 한인교회나 한인 선교사의 숫자가 일천하다. 그렇기에 동유럽 선교사 대회와 같은 모임이 더 필요하다. 같이 모여 중보해 주고 네트워크를 형성해 전략적인 지혜를 모을 수 있기 때문이다.

사회 개혁은 느리게 진행되고 국민들은 개인적인 차원에서 신앙을 이해하는 곳, 동유럽. 앞으로 동유럽 선교는 동유럽 교인들을 깨우치는 동시에 사회를 변화시키는 변혁적인 교회로 나아가는 가교 역할을 해야 할 것이다. 한편, 우리가 지난날 경험한 선교적인 축복을 공유하고 전수해서 동유럽 교회에 역동적인 열매가 맺을 수 있도록 해야 할 것이다. 그리고 동유럽 선교 네트워크를 형성해 전 세계 선교적 교회들의 지원을 받도록 해야 할 것이다.

바울이 '마게도니아를 도우라'는 환상을 본 것처럼, 동유럽에서 이름도 없이 빛도 없이 수고하는 수많은 선교사들과 선교 동원가들에게도 하나님의 환상이 임하시기를 기도한다.

시대가 요구하는 선교 전략을

다시 짜야 할 때이다.

현지 목회자들을 훈련하고 리더십을 개발하는

목양적인 선교가 요구된다.

또 철저히 미종족 선교로 방향을 바꾸어야 한다.

chapter 3

교회를
복지 건강 공동체로
이끌라

나는 영혼의 성장에 관심이 많았다. 수백 권의 책을 찾아 읽고 영성 세미나도 찾아다니고 또 내가 영성 세미나를 여러 번 인도하기도 했다. 하지만 어느 날 내 몸이 온전하지 않으면 영혼이 다칠 수 있다는 걸 알았다.

몸은 영혼을 담는 그릇이다. 뿐만 아니라 몸은 우리 영혼에 지극한 영향을 미친다. 몸이 무너지면 인생도 사역도 시간도 모두 물거품이 되고 만다.

우리가 건강하게 살아야 할 특별한 이유가 몇 가지 있다. 요즘 몸짱 만들기가 열풍인데, 크리스천은 그런 세속적인 동기가 아닌 하나님을 섬기기 위해 건강을 관리하는 것이 옳다.

첫째, 우리는 일부러 운동해야 하는 첫 세대다. 이전까지 사람들은 주로 걸어 다녔다. 불과 20~30년 전만 해도 대부분의 사람들이 대중교통을 이용했다. 자가용 시대가 된 지도 얼마 되지 않는다. 당시는 지금처럼 다양한 분야의 전자제품이 출시되기 전이어서 가사일도 노동 강도가 높았다.

하지만 현대는 자가용 시대에 전자동 시스템으로 생활하나 보니 운동량이 턱없이 부족해졌다. 아예 집에서 재택 근무하는 사람도 늘어나고 있다. 밖에 나갈 일도 점차 줄어드는 것이다. 그렇다 보니 일부러 운동하지 않으면 몸이 허약해질 수밖에 없다.

더구나 이제 100세 시대가 되었다. 각별히 몸을 관리하지 않으면 병치레만 하는 노년을 보낼 수 있다.

그뿐인가. 오늘날 우리가 먹는 음식은 지방과 당, 나트륨 함량이 높은 자극적인 음식이 많다. 더구나 일명 쓰레기 음식이라 불리는 패스트푸드가 너무 많다. 또 먹고 싶으면 언제든지 먹을 수 있다. 일부러 관리하지 않으면 환경 자체가 유해하다. 많은 사람들이 성인병을 앓는 이유다.

전 세계인이 존경하는 남아프리카공화국의 넬슨 만델라(Nelson Mandela)는 인권운동을 했다가 무려 27년을 감옥살이했다. 원래 권투 등 운동을 즐겨 하던 그는 침대 하나 들어갈까 말까 하는 답답한 감옥에서도 운동을 게을리하지 않았다. 새벽 5시면 일어나 좁은

감방을 빙빙 돌며 제자리 달리기, 팔굽혀 펴기, 윗몸 일으키기를 했다. 만델라는 출소 후 75세에 남아공의 대통령이 되었다. 만일 그가 운동하기엔 열악한 감옥에서 몸을 관리하지 않았다면 석방 후 그렇게 강인하고 활기차게 활동하지 못했을 것이다.

우리는 하나님의 선한 청지기로서 하나님이 주신 은사를 충분히 사용해 하나님 나라를 이뤄야 할 책임과 의무가 있다. 그러려면 먼저 몸을 잘 관리해야 한다.

신앙과 건강

하나님이 우리에게 주신 생명은 영, 혼, 육이 포함된 전인적인 생명이다. 물론 요한복음에 나타난 '조에'('생명'이란 뜻의 헬라어)와 같은 영원한 생명을 주시기도 했다. 하지만 성경은 무엇보다 이 땅에 살면서 누리는 생명의 축복을 약속하고 있다.

> 내가 온 것은 양으로 생명을 얻게 하고 더 풍성히 얻게 하려는 것이라 (요 10:10)

영원한 생명을 주셨을 뿐 아니라 이 영원한 생명이 현세에서도 유지되고 강화되고 확대될 수 있는 길을 열어 주신 것이다. 그것은 그리스도 안에서 만족함, 기쁨, 평강, 건강, 치유, 자유 등 실질적인 삶의 축복까지 포함한다.

특히 인간은 몸을 지닌 영적인 존재다. 영혼을 담은 그릇인 몸을 잘 보전하고 가꿔야 하는 것이다.

하지만 우리는 우리 자신의 신체 구조와 생리 구조 등에 대해 너무 많이 모른다. 몸을 건강하고 활력 있게 가꾸려면 몸이 원하는 음식이 무엇인지, 어떤 운동을 해야 몸에 낀 지방을 분해할 수 있는지, 얼마큼 잠을 자고 휴식을 취해야 하는지 알아야 한다. 먹고 쉬고 운동하는 것 외에 신앙도 몸에 영향을 미친다.

언젠가 잡지(*Journal of National Institutes of Health*)에서 하버드대학의 공중학 교수인 데이비드 윌리엄(David Williams) 박사가 '신앙이 건강에 영향을 미칠 수 있는가?'라는 주제로 연구한 내용을 본 적이 있다. 요지는 신앙을 가진 사람이 신앙이 없는 사람보다 신체적으로나 정신적으로 훨씬 건강하게 산다는 것이다. 그는 예배에 꾸준히 참여하고 자주 기도하고 성경 연구를 하는 사람들이 그렇지 않은 사람들보다 혈압이 낮다고 했다. 영성 훈련, 말씀 묵상, 기도 등에 힘쓰는 삶이 심혈관 질환을 낮추는 기능을 한다는 것이다. 높은 수준의 신앙의 삶이 마치 우리 몸의 면역 기능을 하는 셈이다.

그는 또 독실한 크리스천은 우울증과 약물 남용, 불안 장애가 낮고 긍정적으로 살아간다고 했다. 정기적으로 교회에 가거나 예배에 참석하는 비율이 높을수록 사망 위험이 낮다는 것도 발견했다. 20세 이후 일주일에 한 번 예배에 참석하는 사람들이 교회에 전혀 가지 않은 사람보다 6~7년 더 장수한다는 연구 결과도 있다. 그래서 미국인 특히 흑인의 평균 수명은 앞으로 14년 가까이 더 늘어날 것이라고 한다.

신앙 공동체는 소속감을 강화시키는 유대 관계를 형성하며, 우정이나 격려 등을 통해 정서적인 연대감을 맺게 한다. 또 신앙 시스템은 의미와 목적을 인식하게 하므로 사람들이 힘든 시간을 이겨 내고 스트레스와 불행을 대처하는 능력을 길러 준다. 신앙의 가치를 확신하고 나눌 때 건강한 생활 습관을 갖게 되고 스트레스와 같은 부정적인 영향을 덜 받게 된다.

많은 사람들이 교회에서 교제한다. 서로 격려하고 위로하며 건강과 같은 유익한 정보를 나누기도 한다. 그런 점에서 교회는 요람에서 무덤까지 책임지는 복지 건강 공동체라 할 만하다.

다니엘의 특별한 여정

젊은 나이에 갑작스런 심장마비와 뇌출혈 등으로 세상을 떠나는 현대인이 많다. 교인 중에도 한창 일할 나이에 세상을 떠났다는 소식을 들으면 가슴이 너무 아프다.

나는 얼마 전부터 '다니엘과 함께 떠나는 40일 영성 여정'을 진행하고 있다. '40일 영성 여정'은 새들백교회의 릭 워렌(Rick Warren) 목사가 '다니엘 플랜'이라는 이름으로 실시한 건강 프로젝트와 같은 것이다. 릭 워렌 목사는 성인병의 근원이 비만에 있음을 알고 당신 자신이 50파운드(약 22킬로그램) 감량을 선언하고 5F, 즉 믿음(Faith), 음식(Food), 운동(Fitness), 관점(Focus), 친구(Friend)에서 신앙 갱신과 함께 건강 프로젝트를 실시했다. 여기에 무려 1만 5천 명이 참여하여 총 약 25만 파운드(약 113,000킬로그램)를 감량했다. 이를 계기로 교회는 새롭게 부흥하고 있다.

'다니엘과 함께 떠나는 40일 영성 여정'은 한인교회 상황과 체질에 맞게 꾸려 본 신앙 갱신과 건강 프로젝트다. 나는 먼저 주일 설교에서 주기적으로 몸의 중요성을 환기시켰다. 그리고 제직 수련회나 소그룹 공동체 수련회에서 제공되는 음식과 교회 주일 식단을 혁신적으로 바꿨다. 주로 야채와 현미, 샐러드와 같이 건강식으로 식단을 꾸미게 했다. 물론 불평하는 사람도 있지만 대체로 동감하는 분위기다. 또 우리 교회 성도 중 규칙적으로 운동한다고 대답한 사람이 30퍼센트밖에 안 되는 것을 감안해 지속적이고 규칙적인 운동을 강조했다. 이와 함께 일정한 시간에 큐티하고 기도하는 시간을 갖도록 했다. 그리고 이러한 훈련은 다니엘과 같은 영적 친구들과 함께할 때 더 효율적이라고 권면했다.

이런 내용을 담은 책자도 만들었다. 앞으로 미국의 다른 교회에도 나누어 그들과 연대해서 운동을 펼쳐 가고자 한다. 나아가 매주 기도와 말씀 묵상, 운동, 건강한 음식과 우정을 나누는 40일간의 영성 훈련이 교회를 통해 세상으로 흘러 나가기를 소망한다.

chapter 4

위기의
가정을 위한
회복 목회

혼란의 광풍이 몰아치는 오늘날, 많은 가정이 속절없이 무너지고 있다. 우리는 삶의 버팀목이 되는 가정에 대해 너무 무지하다. 하나님이 가정을 복으로 주셨는데, 너무나 많은 가정이 대책 없이 무너지고 있다. 사회가 어지럽고 교회가 이렇게 힘을 잃어 가고 있는 것은 가정이 무너지고 있기 때문이라고 나는 확신한다.

어떤 가정이든 크고 작은 위기가 닥친다. 요즘처럼 경제 위기 상황에서는 그 강도가 심하게 그리고 자주 닥친다. 가정에 위기가 닥치면 가족 간에 스트레스가 심해진다. 이로 인해 서로 비난하고 원망하면서 마음에 상처를 입는다. 심한 경우 가정이 깨지는 비극으로 치닫게 된다.

하나님이 계획하고 의도하신 가정, 남자의 남자됨, 여자의 여자됨이 회복되지 않고서는 무너지는 가정을 막을 방법이 없다. 그렇다면 하나님이 계획하신 남자됨과 여자됨, 아버지됨과 어머니됨, 가정됨은 무엇인가?

아버지는 남자로서 아들에게 진정한 남자됨을 가르치고 양육할 책임이 있다. 그런데 오늘날 아버지들은 모든 양육과 교육의 책임을 아내에게 양도해 버렸다. 남자들이 남자됨을 배울 기회가 없어진 것이다. 오늘날 우리 사회에서 독버섯처럼 번지는 동성애 현상도 남자됨을 제대로 배우지 못한 영향이 크다 하겠다.

그러나 건강한 가정은 위기가 닥쳤을 때 서로 힘을 합쳐 위기에 맞서 나간다. 오히려 위기로 인해 더 단단해지고 건강해진다.

사실 가족이 고국을 떠나 이민을 온 경우도 위기 상황이다. 생활습관과 언어, 문화가 다른 환경을 각자 적응하며 살아가자니 서로 스트레스가 쌓여서 사소한 일에도 갈등할 수 있다. 위기 중에서도 가장 큰 위기일 수 있는 것이다.

미국에 이민 오면 여자가 남자보다 일거리를 찾기가 더 쉽다. 그렇다 보니 가정에서 남편과 아내의 역할이 바뀔 소지가 있다. 아내가 바깥일을 하고 남편이 집안일을 해야 하는 것이다. 이때 가부장적인 한국의 삶을 고집하면 가족 간에 갈등이 일어날 수밖에 없다. 새로운 세상에서 새롭게 주어진 과제를 유연하게 감당하는 마음과 자세가 필요하다. 부부가 장사 등으로 함께 일해야 한다면 가족 구성원 모두의 이해를 구하고 새롭게 변화된 환경을 지혜롭게 적응하는 방법을 찾아야 할 것이다.

가장이 질병에 걸린 것도 커다란 위기다. 아내가 집안일을 전담했다면 남편 대신 생업 전선에 뛰어들어야 할 것이고 자녀들도 아르바이트 등으로 어려워진 살림에 힘을 보태야 할 것이다. 이때 무엇보다 생활의 어려움이 삶을 피폐하게 만들지 못하도록 서로 따뜻하게 위로하고 닥친 상황을 긍정적으로 바라보고 수용하도록 도와야 할 것이다.

우리 가족도 아버지가 지병을 앓다 돌아가시자 위기를 맞게 되었다. 무엇보다 경제적인 위기가 컸다. 어머니는 큰 결단을 내리고 아직 학업을 마치지 못한 동생들을 데리고 미국으로 이민을 떠났다. 나도 나중에 합류했지만 낯선 땅에서 우리는 한동안 위기의 삶을 견뎌야 했다. 하지만 어머니는 그렇게 급격하게 흔들리는 격랑 속에서도 믿음 하나로 가족을 지켜 내셨다. 결국 동생들은 미국에서 대학 공부를 마친 뒤 자기 길을 힘차게 걷고 있다.

사실 위기 때만큼 가족이 소중한 경우가 없다. 가족 외에는 사랑과 돌봄의 손길을 기대할 곳이 없음을 알게 된다. 그리고 위기 때만큼 신앙의 힘이 위력을 발휘하는 경우도 없다. 신앙으로 똘똘 뭉친 가정은 위기를 헤쳐 나갈 힘이 있다. 하나님을 경외하는 가정은 위기를 계기로 하나님의 개입하심과 인도하심을 경험하게 된다. 살아 계신 하나님을 인격적으로 만나게 되는 것이다. 이때 신앙도 성장하고 인격도 성숙해지고 인생도 단단해진다.

주님, 제가 아버지입니다

한국에는 없지만 미국에는 6월 셋째 주일이 아버지 주일이다. 여권이 신장되고 동성애가 합법화되면서 가정에서 아버지의 존재감은 날로 유명무실해지고 있다.

헨리 빌러(Henry Biller)는 《Father Power》에서 미국 사회의 부권 상실을 이렇게 지적했다.

"오늘날 부권의 문제와 관련해 미국 가정은 가장 커다란 위험에 처해 있다. 그것은 아버지들이 과거에 가졌던 부권에 대해 아주 중요하면서도 분명한 인식을 가지고 있지 못하다는 것이다. 아버지들이 사회로부터 오는 무수한 압력에 시달린 나머지 자신이 자녀에게 얼마나 중요한 존재인지에 대한 확신을 점점 잃어 가고 있다. 아버지는 자녀에게 영향을 미치는 존재이며 또 그들을 가장 잘 양육할 수 있는 존재임을 아버지 자신이 확신하지 못하고 있다."

한번은 내가 섬기는 교회에서 아버지학교가 열렸다. 개회 예배에서 "주님, 제가 아버지입니다"라고 구호를 외쳤는데 왠지 그 함성 소리에 가슴이 뭉클했다. 아버지가 흔들리는 시대라서 그런 게 아닌가 한다.

가정에서 아버지는 아무리 강조해도 지나치지 않을 만큼 중요하고도 귀한 존재다. 성경은 아버지에게 가정의 영적 제사장으로서 권위를 부여하고 있다. 아버지가 제자리를 찾을 때 가정이 바로 서고 사회와 나라가 건강해진다. 하지만 현실은 안타깝게도 그렇지 못하다.

한국의 40대 남성 사망률이 세계 1위라고 한다. 40~50대 남성 사망률이 여성 사망률보다 3배나 많다. 여기서 그 원인의 결정적 단서 하나를 발견했다. 한국 노동자의 노동 시간이 OECD 국가 중 1위라는 사실이다. 이민 사회 교포들의 상황도 한국과 별반 차이가 없을 것이다.

나의 아버지 세대는 새벽별 보고 나갔다가 저녁별 보고 들어올 만큼 정말 열심히 일만 했다. 조금이라도 더 벌기 위해 서독으로 중동으로 베트남으로 객지를 떠돌기도 했다. 당시 아버지는 일하는 것을 미덕으로 삼았다. 아버지는 가정에서 가부장적인 권위만 있을 뿐 자녀들과 친밀한 교제를 나누는 방법도 몰랐다.

나의 아버지도 일본에서 교육을 받은 탓인지 무사도 식으로 훈육하셨다. 우리 형제들은 아버지를 보면 무서워서 피하기 바빴다. 아버지는 내가 군복무를 마치고 나자 그제야 나를 독립된 인격체로 인정해 주셨다. 그리고 내가 아버지의 속살 깊은 사랑을 느낄 만한 나이가 되자 아버지는 지병으로 그만 돌아가셨다. 그래서 내 기억의 아버지는 엄격하고 무섭고 권위적일 뿐이다.

그렇게 가부장적인 아버지 밑에서 자란 우리 세대 남자들은 어떨까? 배운 게 없으니 아버지 세대가 겪은 시행착오를 똑같이 겪어야 했다. 좋은 아버지가 되는 법, 좋은 남편이 되는 법, 그리고 바른 영적 리더십을 지닌 남성이 되는 법을 배운 적이 없으니 당연했다. 우리 시대 남자들은, 자녀 양육은 어머니 몫이고 남자는 바깥에 나가 생계만 책임지면 된다는 생각이 자연스럽게 몸에 배어 있다.

그렇기 때문에 아버지학교 같은 사역이 더 많아져야 한다. 그래서 아버지 자신이 가정에서 얼마나 중요한 역할을 담당해야 하는지를 깨달아야 한다. 아울러 가정에서 아버지의 역할이 얼마나 좁아졌는지를 자각해야 한다.

어머니를 깨우는 기도 운동

우리 교회는 어머니됨과 여성의 진정한 회복 운동을 위해 어머니 기도 모임을 시작했다. 10년 전 어느 여전도사님이 3~4명의 어머니들과 함께 기도회를 시작한 것이 계기가 되었다. 젊은 엄마들이 주일에도 아이를 돌보느라 제대로 예배를 드릴 수 없다는 사실을 안타깝게 여겨 그들을 위한 주중 기도 모임을 시작한 것이다. 그렇게 4년의 시간이 흘렀다. 그런데 하나님께서 그 모임에 은혜를 베푸셨다. 소문을 듣고 아기 엄마들이 모여 들기 시작한 것이다. 젊은 엄마들끼리 예배드리고 삶을 나누면서 다른 모임에서는 차마 하기 어려운 가정사와 갈등을 털어놓게 되었다. 믿음의 공동체였기에 가능한 일이었다.

자녀 양육을 둘러싼 갈등, 남편과의 갈등, 꿈을 접은 채 아기 엄마로 살아야 하는 데서 오는 정체성의 갈등 등 마음에 켜켜이 쌓아놓은 아픔을 토해 놓자 성령의 은혜가 임하며 문제들이 풀리기 시작했다. 그리고 치유와 자유함이 찾아오기 시작했다. 성령이 주신 새로운 정체성이 형성되기 시작하면서 모임에 활력이 생겼고, 점점 말씀과 기도 그리고 훈련으로 변화되면서 가정이 회복되었다. 선순환의 축복이 임한 것이다.

또 한 가지, 50세 전후의 어머니들과 젊은 아기 엄마들이 함께 팀 사역을 하기 시작했다. 공존하기 힘든 두 세대가 같이 모여 예배와 기도를 하면서 소그룹 모임이 활성화되었다. 중년의 어머니들은 자신의 지난날의 경험을 진솔하게 나누었고, 젊은 엄마들은 이를 교훈 삼아 자신의 삶을 다시 한 번 기경하기 시작했다.

이 모임에 대한 소문이 주변 교회에 퍼져서 많은 목회자들이 관심을 갖기 시작했다. 그래서 10주년을 맞이하여 여성 리더들과 사모들을 초대하여 모임을 나누게 되었다. 보석과 같이 아름다운 어머니들의 이야기는 참석한 사람들을 감동시켜 눈물을 쏟아 내게 했다. 아픔과 고뇌가 배어 있는 눈물이었다. 가정과 교회를 회복하고자 흘리는 결단과 회개의 눈물이었다.

어머니들을 깨우는 기도 운동은 사실상 교회의 본질을 회복하고 가정을 일으키는 운동이다. 목회 현장에 알맞은 새로운 가정 목회 사역들이 속속 개발되어 성도들의 가정이 건강하게 회복되기를 기도한다.

다시 한 번 되새기는 부부 사랑

매년 5월 21일은 부부의 날이다. 현대에 들어와 많은 가정이 깨지자 따로 정해서 부부가 하나되기를 다짐하는 날인 것 같다.

부부는 원래 무촌이다. 촌수를 따질 수 없는 깊은 사이라는 얘기다. 그러나 역설적이게도 헤어지면 영영 남남인 사이다.

한국에서 부부 10쌍 중 1쌍이 별거 중이라고 한다. 같이 살지만 이미 심리적으로는 이혼 상태에 들어간 부부가 적지 않다.

교민 사회에도 같은 집에 살지만 정서적으로 이혼 상태에 있는 부부가 많다. 부부 간에 대화도 없고 마음 깊은 소통도 이뤄지지 않는 것이다. 이혼에 대한 부담 때문에 법적인 혼인 상태를 유지하는 가정이 의외로 참 많다.

2012년 한국보건사회연구원이 '혼인 실태와 가족 주기의 변화'라는 보고서를 제출했다. 여기서 매우 흥미로운 결과를 발견할 수 있는데, 이혼이나 별거의 이유로 경제 문제가 가장 많았다는 것이다. 과거 성격 차이가 가장 많았던 것과 비교된다.

가정 문제 전문가들은 불화하는 부부의 문제로 경제 문제, 성격 차이, 불만족스런 성생활 등을 꼽지만, 의사소통 개선 의지의 부재가 가장 큰 근본 원인이라고 입을 모은다. 교회 가정 사역의 초점을 여기에 맞춰야 할 필요가 있다.

바울은 에베소서에서 부부관계를 결혼해서 사랑하는 관계로 보지 않았다. 그는 부부관계를 하나님의 놀라운 구원 계획이라는 다른 차원에서 접근하여 가정도 자녀도 하나님의 거룩한 구원 계획에 포함된 것임을 강조했다. 그러므로 크리스천은 당연히 하나님을 알지 못하는 세상 사람들의 가정과는 달라야 한다.

사도 바울은 에베소서 곳곳에서 구원받기 전과 구원받은 후의 삶이 질적으로 달라졌음을 강조하고 있다. 구원받은 후 우리의 신분과 정체성에 변화가 일어났기 때문이다. 따라서 구원받은 사람의 삶은 하나님 보시기에 합당한 삶으로 변화되어야 한다.

술 취하지 말라 이는 방탕한 것이니 오직 성령으로 충만함을

받으라 (엡 5:18)

부부도 성령 충만해야 한다. 성령 충만한 삶은 아내와 남편, 자
녀와 부모 그리고 종과 주인과 같은 모든 인간관계에 편만하게 적
용되어야 한다. 뿐만 아니라 우리 삶의 모든 영역에서 성령 충만함
이 나타나야 한다. 부부관계는 구원받은 자로서 주님을 잘 섬길 때
에로스의 사랑을 초월한 아가페의 사랑으로 승화된다. 예수의 깃
발이 날리는 가정이 될 때 부부의 사랑도 깊어진다.

가정 회복에 목숨을 걸자

오늘날 가족은 빠른 속도로 해체되고 있다. 온 세상에 범람하
는 성적 유혹과 타락이 가족을 파괴하는 여우가 되고 있다. 가족의
패러다임도 빠르게 변화되고 있다. 요즘 젊은이들은 결혼하지 않
으려 한다. 결혼해도 아이를 낳으려 하지 않거나 적게 낳으려 한다.

과연 가족은 무엇일까? 사실 우리의 상처를 들여다보면 그 뿌
리에는 가족이 있다. 가정에서의 갈등, 파국, 아픔들이 깊은 뿌리가
되어 한 사람의 성격과 삶을 결정짓는다. 엽기적인 총기 사건이나
살인 사건을 저지른 범죄자의 배후에는 대개 파손된 가정이 있다.
하나님이 선물로 주신 가정이 무너지고 해체될수록 세상은 더 난

폭해지고 흉측해진다.

위기에 빠진 가정을 개인의 문제로 환치하기엔 너무 멀리 와 버린 것 같다. 교회와 사회, 개인이 협력하여 위기에 빠진 가정을 다시 세워야 한다. 가정이 하나님이 주신 선물이 되도록 회복시켜 야 한다.

가정 회복은 가정을 구성하는 각 개인의 삶에서 일어나는 영 적 운동이다. 가정 구성원들이 하나님 앞에 무릎을 꿇고 자신의 교 만, 이기심 그리고 오만을 고백하는 것이 가정 회복의 요체다. 자기 중심적으로 살면서 다른 식구들을 배려하지 않는 마음을 회개해야 한다. 가정에서 일어나는 모든 일이 하나님의 뜻에 합당한가를 재 점검하는 진정한 회개가 있을 때 성령님이 우리 가정을 그분의 인 도와 권능으로 바꿔 놓으실 것이다. 부부가 자녀들과 함께 가정 부 흥회라도 열면 어떨까? 가족예배 중에 회개기도를 전 가족이 드릴 수 있었으면 좋겠다.

가정 회복은 아울러 결혼 언약을 신성하게 수용하며 그것을 끝까지 지키려는 헌신의 마음이 있을 때 일어난다. 내가 결혼 예식 에서 가장 귀하게 여기는 부분이 결혼 서약 시간이다. 그 시간 마 음을 다해 하나님이 결혼을 만드시고 주례하셨음을 기억하며 선포 한다. 예전에는 결혼 서약이 진정 일생의 가장 엄숙한 서약이었다. 그러나 오늘날 이 언약이 얼마나 가벼워지고 말았는가? 젊은이들은 관계에 어려움을 겪으면 언제든지 다시 시작할 수 있다는 마음으로 혼인 서약을 쉽게 파기해 버린다. 혼인 서약은 단지 배우자만을 위한 약속으로 그치지 않는다. 그 서원은 하나님과 결혼식에 참여하는 모든 지체들을 향한 거룩한 서약이기도 하다.

가정 회복은 또 하나님이 정해 주신 가정 구성원들의 분명한 역할을 존엄하게 받아들이는 시작이기도 하다. 성경이 규정하고 있는 남편과 아내의 역할이 있다. 그 역할을 말씀대로 인정하고 수용하는 것이다.

성경은 남편이 가정의 가장이며 영적 제사장임을 강조하고 있다. 목회를 하면서 아버지가 부재한 가정은 자녀들의 훈육에 문제가 생기는 것을 자주 본다. 요즘 확산되고 있는 동성애 운동도 성경적 진리에 엄청난 압력과 혼돈을 가하고 있다.

다음세대에 영적 생명력을 계승시키는 일도 가정 회복의 중요한 골자다. 우리 삶의 가장 큰 유산은 자녀들이다. 가정 회복을 위해 부모는 다음세대의 영적 개혁을 강화시켜 나가야 한다. 우리가 자녀들을 하나님 나라의 백성으로 양육하지 못한다면 그들은 하나님을 모르는 비극적인 세대가 될 것이다.

가정을 지키겠다는 목숨을 건 전투가 필요한 시대다. 가정을 사수하겠다는 것은 바로 이 사회의 영혼을 지키겠다는 결단이다. 남편과 아내들이여, 말씀만 붙잡길 바란다. 말씀으로 이 시대를 분별해야 한다. 물질주의의 해악에서 벗어나 자녀들을 영성으로 양육시켜야 한다.

지난날의
우물들을 다시 파며…

온 세상이 위기로 가득한 시대에 새벽마다 사도행전을 다시
깊이 묵상하고 있다. 사도행전을 통해 다시 한 번 교회의 미래를
열어 가는 길을 정리하고 싶은 까닭이다. 사도행전은 한마디로 교
회가 탄생하는 역사적 사건들로 즐비하다. 그리고 마침내 탄생한
그 교회 공동체가 온갖 위기와 핍박과 고난을 이기고 하나님의 역
동적인 공동체로 발전해 나가는 모습이 그려져 있다. 특히 제자들
이 예수님의 죽음과 부활의 복음을 전하는 생명의 전사들로 변화
되는 이야기는 매우 감동적이다.

숱한 위기를 극복하며 끈질기게 살아남은 초대교회의 생명력
은 사도행전을 박진감 있게 만드는 야성적인 영성에 기인한다.

희망의 신학자 몰트만(Jürgen Moltmann) 교수가 "우리를 앞서가

시는 희망의 하나님은 예언자들과 사도들이 전해 준 복음과 성경 안에서만 발견할 수 있다"고 피력했다. 미래의 희망은 여전히 하나님께 달려 있다. 그리고 그 미래의 희망을 붙잡기 위해 우리는 다시 복음과 성경 그리고 기도와 부흥과 같은 지난날 영성의 우물들을 파야 한다.

초대교회의 부흥, 오순절 성령 부흥, 평양 대부흥 등 세계 부흥의 궤적들을 찾아 이 시대에 회복시켜야 한다. 왜냐하면 모든 것이 불확실하고 악한 이 세대에도 지난날 약속하신 하나님의 말씀과 성령의 능력은 여전히 유효하기 때문이다.

많은 사람들이 이 시대의 악함을 보고 염려한다. 위기라고 두려워한다. 하지만 한국교회와 서구 교회의 미래는 여전히 복음 안에 있다. "평안을 너희에게 끼치노니 곧 나의 평안을 너희에게 주노라 내가 너희에게 주는 것은 세상이 주는 것과 같지 아니하니라 너희는 마음에 근심하지도 말고 두려워하지도 말라"(요 14:27) 하신 평강의 주님 안에 있다. 그러므로 크리스천은 복음과 평강 안에 거해야 한다. 교인들이 만나 교제할 때도 그 중심에 복음이 놓여야 한다.

하지만 현실은 어떤가. 하나님의 말씀 안에서 배운 것들, 큐티 나눔, 기도의 교제는 아주 짧게 나누고 건강과 부동산, 주식, 오락과 스포츠 이야기에 열을 올리지 않는가. 정녕 우리의 관심이 하나님의 영광, 거룩함, 탁월함, 그리스도의 평강이 될 수는 없는가.

복음과 평강이 없다면 이 세상은 소망이 없다. 복음보다 우선

하는 것은 아무것도 없기 때문이다.

교회는 하나님의 종말론적인 신앙 공동체다. 그러므로 교회는 초대교회가 우리에게 물려준 신앙의 유산을 따라 보다 깊은 영성의 우물을 지속적으로 파 나가야 한다.

온 성도가 죽음과 부활의 예수를 부단히 알아 가며 예수의 재림을 간절히 사모하고 한마음으로 기도하며 종말론적인 소망을 새롭게 할 때 이 위험하고 어두운 위기의 시대를 극복하게 될 것이다.

나의 기도는, 많은 성도와 동역자들이 하나님의 지혜의 눈을 가지고 이 위기의 시대를 새롭게 보는 데 이 책이 도움이 되는 것이다. 그리고 우리 모두가 연대해서 세상의 혼란에 휩쓸리지 않고 견고히 서서 주님의 교회를 지켜 나가는 것이다.

하나님은 여전히 신실하시며 살아 계신다. 우리는 그리스도 안에서 여전히 말씀과 성령의 능력이라는 부요한 자원을 가지고 있다. 그러므로 우리 모두가 이 형용할 수 없는 영광의 자원으로 이 땅의 교회를 각성시키고 영적 부흥의 불길을 일으키는 하나님의 사람이 되기를 기도한다.